APPRENDRE A DIRE NON

100 Exercices
Pour s'affirmer

APPRENDRE A DIRE NON

En application de l'art. L.137-2.-I. du code de la propriété intellectuelle, toute Reproduction et/ou divulgation de parties de l'œuvre dépassant le volume prévu par la loi est expressément interdite.

© Jacques RICHARD, 2024

Édition : BoD · Books on Demand, 31 avenue Saint-Rémy, 57600 Forbach, bod@bod.fr

Impression : Libri Plureos GmbH, Friedensallee 273, 22763 Hamburg (Allemagne)

ISBN : 978-2-3225-4296-3

Dépôt légal : Décembre 2024

TABLE DES MATIERES

Introduction : Le Pouvoir de Dire Non..13

1. Exercices de prise de conscience..15

1.1. Lister les situations où vous avez dit "oui" à contrecœur........................15

1.2. Identifier vos peurs liées au refus (peur du conflit, de déplaire, etc.)....17

1.3. Ecrire les conséquences positives possibles de dire "non"....................21

1.4. Observer les moments où dire "non" aurait été bénéfique pour vous.....25

1.5. Faire un tableau comparatif entre "dire oui" et "dire non".....................29

II. Exercices pratiques en solo..31

II.1. S'entraîner à dire "non" à voix haute devant un miroir.........................31

II.2. Ecrire 10 phrases contenant "non" de manière polie et ferme...............36

II.3. Imaginer une situation fictive et rédiger votre réponse négative..........40

II.4. Enregistrer votre voix en disant "non" et analyser votre ton.................44

II.5. Créer un mantra personnel sur le droit de refuser..................................48

III. Exercices en contexte social..52

III.1. Refuser une offre commerciale non essentielle..................52

III.2. Dire "non" à un ami pour une petite demande qui ne vous arrange pas57

III.3. Demander un délai avant de répondre à une sollicitation....................61

III.4. Tester des réponses comme "Je ne peux pas" ou "Ce n'est pas possible pour moi"..................65

III.5. Utiliser une excuse simple et universelle pour refuser..................69

IV. Exercices de renforcement de la confiance..................74

IV.1. Pratiquer des techniques de respiration pour rester calme face à un refus..................74

IV.2. Répéter des affirmations positives comme "J'ai le droit de dire non"...78

IV.3. Se rappeler une situation où dire "non" a eu des effets positifs..............82

IV.4. Visualiser une scène où vous dites "non" avec succès..................87

IV.5. Faire un journal des "non" réussis..................91

V. Exercices avec des proches..................94

V.1. Refuser poliment une invitation que vous ne voulez pas accepter.........94

V.2. Exprimer vos limites clairement dans une discussion..................98

V.3. Demander à un proche de jouer un rôle et simuler une demande.........103

V.4. Demander du feedback sur votre manière de refuser..................108

V.5. Expliquer pourquoi apprendre à dire "non" est important pour vous...113

VI. Exercices sur le plan professionnel..117

VI.1. Refuser une tâche supplémentaire non prioritaire..................117

VI.2. Proposer une alternative lorsqu'on vous demande quelque chose.......121

VI.3. Dire "non" en expliquant vos priorités actuelles..................125

VI.4. Négocier un compromis au lieu de tout accepter...................129

VI.5. Refuser une réunion inutile ou mal planifiée.....................133

VII. Exercices de reformulation...137

VII.1. Remplacer "non" par "je préfère ne pas"..........................137

VII.2. Utiliser "ce n'est pas possible pour moi actuellement".......141

VII.3. Essayer "je ne peux pas, mais peut-être une autre fois".....145

VII.4. Dire "merci pour l'invitation, mais je vais passer mon tour"..............149

VII.5. Employer "je préfère m'en tenir à mon plan initial"..........153

VIII. Exercices de réflexion personnelle.......................................157

VIII. 1. Lister vos valeurs et besoins pour mieux justifier vos refus...........157

VIII.2. Noter les moments où vous avez regretté de ne pas dire "non".......163

VIII.3. Écrire une lettre fictive à une personne à qui vous auriez voulu......168 dire.."non".

VIII.4. Faire une méditation sur vos droits personnels................................172

VIII.5. Observer vos émotions lorsque vous dites "non"..............................176

IX. Exercices de mise en situation...182

IX.1. Jouer à des jeux de rôle avec un ami ou un collègue..........................182

IX.2. Refuser quelque chose de petit chaque jour.......................................187

IX.3. Participer à un atelier ou un groupe sur l'affirmation de soi...............192

IX.4. Pratiquer des réponses non verbales (gestes, regards)........................198

IX.5. Expérimenter différents tons de voix en disant "non".......................203

X. Exercices d'observation..209

X.1. Observer comment les autres disent "non"..209

X.2. Notes sur les techniques de refus que vous trouvez efficaces..............215

X.3. Identifier les situations où les autres refusent avec grâce....................221

X.4. Analyser vos sentiments lorsque quelqu'un vous dit "non".................227

X.5. Adopter des modèles inspirants qui disent "non" avec assurance........233

XI. Exercices en gestion de temps..239

XI.1. Planifier vos priorités pour justifier vos refus.........................239

XI.2. Utiliser un agenda pour bloquer du temps pour vous..............244

XI.3. Dire "non" à des interruptions non urgentes..........................249

XI.4. Refuser une sollicitation en expliquant votre emploi du temps...........253

XI.5. Evaluer le coût de dire "oui" en termes de temps et d'énergie............258

XII. Exercices en pleine conscience..263

XII. 1. Pratiquer la méditation pour mieux gérer le stress lié au refus..........263

XII.2. Analyser vos sensations corporelles après avoir dit "non"................268

XII.3. Observer vos pensées automatiques face à une demande...............273

XII.4. Faire une pause avant de répondre à une sollicitation....................277

XII.5. Respirer profondément avant de dire "non"..........................282

XIII. Exercices en communication non violente...............................286

XIII.1. Exprimer vos besoins avant de dire "non".........................286

XIII.2. Utiliser "je ressens que..." pour accompagner votre refus..............290

XIII.3. Reformuler une demande avant de refuser.........................295

XIII.4. Dire "je comprends votre besoin, mais..."..................................299

XIII.5. Pratiquer des phrases d'empathie avant le refus......................303

XIV. Exercices pour gérer la culpabilité..307

XIV. 1. Écrire pourquoi il est légitime de dire "non".............................307

XIV.2. Lister les bénéfices à long terme de fixer des limites................311

XIV.3. Partager vos sentiments de culpabilité avec un proche............316

XIV.4. Apprendre à dissocier refus et égoïsme.....................................320

XIV.5. Faire une relaxation guidée après un refus difficile...................325

XV. Exercices de simplification...329

XV.1. Répondre simplement par "non" sans justification......................329

XV.2. Limiter vos explications à une phrase courte..............................332

XV.3. Eviter les excuses inutiles après un refus....................................335

XV.4. Tester "non, merci" comme réponse standard..............................339

XV.5. Refuser sans donner de détails personnels..................................343

XVI. Exercices avancés..346

XVI. 1. Refuser une sollicitation importante avec diplomatie................346

XVI.2. Affronter un conflit lié à votre refus...350

XVI.3. Expliquer vos valeurs à une personne insistante............................355

XVI.4. Refuser en groupe sans vous justifier...359

XVI.5. Désamorcer une tentative de manipulation après un refus...............363

XVII. Exercices d'auto-évaluation...368

XVII.1. Noter votre niveau de confort après chaque refus..........................368

XVII.2. Observer si votre manière de dire "non" évolue..............................370

XVII.3. Demander un retour honnête à vos proches..................................375

XVII.4. Evaluer les réactions des autres à vos refus...................................379

XVII.5. Comparer votre confiance avant et après chaque exercice...............383

XVIII. Exercices d'ancrage...386

XVIII.1. Créer une affirmation personnelle pour renforcer vos limites.......386

XVIII.2. Associer un geste à votre refus (ex. croiser les bras)....................388

XVIII.3. Porter un objet symbolique pour vous rappeler vos droits.............394

XVIII.4. Visualiser un symbole de force avant de dire "non".....................398

XVIII.5. Adopter une posture droite pour renforcer votre autorité..............401

XIX. Exercices pour enfants ou débutants..405

XIX.1. Pratiquer des réponses simples comme "je ne préfère pas"..............405

XIX.2. Jouer à refuser dans des scénarios fictifs...408

XIX.3. Utiliser des jeux de cartes avec des "oui/non"..................................413

XIX.4. Dessiner vos limites sous forme de barrières...................................419

XIX.5. Inventer des histoires où le héros apprend à dire "non"....................420

XX. Exercices créatifs..424

XX.1. Ecrire un poème ou un texte sur l'importance de dire "non"..............424

XX.2. Créer un collage représentant vos priorités personnelles...................426

XX.3. Inventer un slogan motivant autour du "non".....................................427

XX.4. Dessiner un tableau symbolisant vos limites......................................427

XX.5. Ecrire un dialogue fictif où vous dites "non" avec assurance............428

Introduction : Le Pouvoir de Dire Non

Dans un monde où l'on valorise souvent l'altruisme et la disponibilité, dire "non" peut sembler difficile, voire égoïste. Pourtant, le "non" est une expression puissante de respect de soi. Refuser une demande ou poser une limite n'est pas un acte de rejet des autres, mais un acte d'affirmation personnelle. C'est reconnaître ses besoins, ses priorités, et sa propre valeur.

Apprendre à dire "non" est un art qui s'acquiert avec le temps. Trop souvent, nous disons "oui" par peur de déplaire, de provoquer un conflit ou simplement pour éviter l'inconfort d'un refus. Cette tendance peut conduire à une surcharge de responsabilités, à un épuisement émotionnel et à une perte de contrôle sur notre propre vie. À force de répondre aux attentes des autres, nous risquons de négliger nos propres besoins essentiels.

Ce livre est un guide pratique pour vous accompagner dans cette démarche essentielle : réapprendre à dire "non" de manière sereine et constructive. Il ne s'agit pas de rejeter systématiquement les demandes ou de construire un mur autour de soi, mais de trouver un équilibre entre vos besoins personnels et les sollicitations extérieures. Dire "non" peut être une porte ouverte à un "oui" plus sincère à ce qui compte vraiment.

À travers 100 exercices simples et accessibles, vous explorerez les multiples facettes de cette compétence essentielle : comment identifier vos limites, gérer vos peurs, vous affirmer avec bienveillance et cultiver un sentiment de liberté intérieure. Que vous soyez confronté à des relations personnelles, professionnelles ou sociales, ces outils vous aideront à transformer le "non" en un acte d'affirmation respectueux et libérateur.

Ce chemin vers l'affirmation de soi n'est pas un voyage égoïste, mais une étape cruciale vers une vie plus authentique et équilibrée. En apprenant à dire "non", vous créez de l'espace pour ce qui vous tient vraiment à cœur, tout en respectant vos relations avec les autres.

Préparez-vous à découvrir la puissance d'un mot simple, mais révolutionnaire : "non".

I. Exercices de prise de conscience

I.1. Lister les situations où vous avez dit "oui" à contrecœur.

Cet exercice est une étape essentielle pour prendre conscience des moments où vous avez accepté quelque chose contre votre volonté. Ces situations, bien qu'apparemment anodines, peuvent révéler des schémas de comportement qui vous empêchent d'affirmer vos limites. Voici comment procéder :

Objectif

Prendre conscience des moments où vous avez dit "oui" alors que vous auriez préféré dire "non", afin de mieux comprendre vos motivations et vos blocages.

Étapes :

1. Trouver un moment calme :

Prenez une feuille, un carnet ou ouvrez un document sur votre ordinateur. Installez-vous dans un endroit tranquille où vous pourrez réfléchir sans être dérangé.

2. Faites appel à votre mémoire :

Pensez aux moments récents ou passés où vous avez accepté une demande, une proposition ou une tâche alors que vous ressentiez intérieurement une résistance. Notez-en autant que possible.

3. Détaillez chaque situation :

Pour chaque "oui" donné à contrecœur, décrivez :

La situation : Qui vous a demandé quoi ? Quel était le contexte ?

Vos émotions : Que ressentiez-vous au moment de dire "oui" (ex. frustration, culpabilité, peur) ?

La raison de votre réponse : Pourquoi avez-vous accepté (ex. peur de décevoir, éviter un conflit, sentiment d'obligation) ?

Les conséquences : Qu'est-il arrivé ensuite ? Avez-vous ressenti du stress, du regret, de la colère envers vous-même ou envers la personne ?

4. Identifiez des schémas récurrents :
Une fois plusieurs situations listées, recherchez des points communs :

Y a-t-il des personnes spécifiques à qui vous n'osez pas dire "non" ?

Quelles sont les circonstances où il vous est difficile de refuser (ex. au travail, avec la famille) ?

Quels sont les sentiments qui reviennent souvent (ex. peur de paraître égoïste) ?
5. Prenez du recul :
Regardez cette liste comme un observateur. L'objectif n'est pas de vous juger, mais de comprendre les mécanismes qui vous ont poussé à dire "oui" à contrecœur.

Exemple :

Situation : Un collègue m'a demandé de l'aider sur un projet alors que j'avais déjà beaucoup de travail.

Émotions : Stress, frustration, mais aussi une peur de passer pour une personne peu collaborative.

Raison du "oui" : Je voulais éviter qu'il pense que je ne suis pas investi dans l'équipe.

Conséquences : J'ai travaillé tard, négligé mes propres tâches, et ressenti du ressentiment envers ce collègue.

Bénéfices de cet exercice :

Comprendre les déclencheurs de vos "oui" à contrecœur.

Identifier les émotions et peurs associées.

Poser les bases pour changer votre comportement à l'avenir.

En résumé, cet exercice est une étape fondamentale pour identifier les comportements à ajuster, clarifier vos priorités, et poser les bases d'un changement positif dans votre manière de répondre aux demandes extérieures.

I.2. Identifier vos peurs liées au refus (peur du conflit, de déplaire, etc.).

Dire "non" peut susciter des peurs profondément ancrées, souvent liées à notre éducation, nos expériences passées ou nos croyances. Cet exercice vous invite à explorer ces peurs pour mieux comprendre ce qui vous freine lorsque vous devez poser vos limites.

Objectif :
Prendre conscience des peurs associées au refus afin de mieux les gérer et de les dépasser.

Étapes :

1. Listez vos peurs liées au refus :

Prenez un moment pour réfléchir et notez toutes les raisons qui rendent le refus difficile pour vous. Voici quelques exemples pour vous aider :

Peur de blesser ou de décevoir l'autre.

Peur de provoquer un conflit ou une dispute.

Peur d'être perçu comme égoïste ou insensible.

Peur d'être rejeté ou exclu.

Peur de perdre une opportunité (relationnelle, professionnelle, sociale).

Peur d'être jugé ou critiqué.

2. Identifiez l'origine de ces peurs :

Essayez de remonter à l'origine de chaque peur. Posez-vous les questions suivantes :

Est-ce une peur issue de votre enfance ou de votre éducation (ex. "On m'a toujours appris à être serviable") ?

Avez-vous vécu une expérience où un refus a eu des conséquences négatives ?

Cette peur est-elle fondée sur une croyance personnelle ou sociale (ex. "Dire non, c'est manquer de respect") ?

3. Analysez vos émotions :

Que vous envisagez de dire "non" :
Ressentez-vous de la culpabilité, de l'angoisse, du stress ?
Pour chaque peur identifiée, décrivez les émotions qu'elle déclenche lors
Comment ces émotions influencent-elles votre réponse ?

4. Évaluez la réalité de vos peurs :

Posez-vous cette question pour chaque peur : Est-ce vraiment fondé ?

Par exemple, si vous craignez de blesser l'autre, demandez-vous si cette personne serait réellement blessée par un refus poli.

Si vous craignez un rejet, demandez-vous si refuser une demande remet vraiment en question toute votre relation.

Cette étape vous aide à relativiser vos peurs et à distinguer celles qui sont rationnelles de celles qui sont amplifiées par votre esprit.

5. Reformulez vos peurs en pensées positives :

Transformez vos peurs en affirmations qui vous encouragent à agir différemment. Par exemple :

Au lieu de "Je vais décevoir quelqu'un si je refuse", dites-vous : "Refuser avec bienveillance montre que je respecte mes propres besoins."

Au lieu de "Dire non va créer un conflit", dites-vous : "Poser une limite claire évite des tensions futures."

Bénéfices de cet exercice :

Reconnaître que vos peurs sont souvent exagérées ou infondées.

Prendre conscience des schémas émotionnels qui vous empêchent d'affirmer vos limites.

Renforcer votre capacité à dire "non" sans vous laisser dominer par la peur.

En comprenant vos peurs, vous pouvez commencer à les désamorcer et à vous affirmer avec plus de sérénité. C'est une étape cruciale pour reprendre le contrôle de vos choix et de vos priorités.

I.3. Écrire les conséquences positives possibles de dire "non".

Dire "non" peut sembler difficile, mais cela peut aussi être une source de nombreux bénéfices pour votre bien-être, vos relations et votre vie en général. Cet exercice vous aide à visualiser les conséquences positives de poser vos limites et à vous motiver à adopter cette pratique dans votre quotidien.

Objectif :

Identifier et comprendre les avantages de dire "non" pour renforcer votre confiance en cette capacité et vous encourager à l'utiliser.

Étapes :

1. Prenez un moment de réflexion :
Installez-vous dans un endroit calme, avec un carnet ou une feuille, et réfléchissez aux moments où vous auriez pu dire "non". Imaginez ce qui aurait pu se passer de positif si vous aviez refusé.

2. Listez les bénéfices personnels :

Notez les avantages que dire "non" pourrait avoir pour vous :

Gagner du temps : Dire "non" à des tâches ou engagements non prioritaires vous libère pour des activités importantes ou reposantes.

Protéger votre énergie : Vous évitez l'épuisement en respectant vos limites physiques et mentales.

Renforcer votre estime de soi : Dire "non" est un acte d'affirmation personnelle qui montre que vous vous respectez.

Réduire le stress : Moins de charges inutiles signifie moins de pression et d'anxiété.

Mieux gérer vos priorités : Dire "non" vous permet de vous concentrer sur ce qui compte vraiment pour vous.

3. Listez les bénéfices pour vos relations :

Contrairement aux idées reçues, poser des limites peut améliorer vos relations. Pensez à ces aspects :

Gagner en respect : Les autres apprennent à respecter vos limites et à mieux comprendre vos besoins.

Éviter les ressentiments : En refusant ce qui vous pèse, vous êtes plus sincère et évitez de développer de l'amertume envers les autres.
Renforcer la communication : Dire "non" avec bienveillance encourage des échanges plus honnêtes et authentiques.

Inspirer les autres : En montrant qu'il est possible de refuser sans culpabilité, vous devenez un modèle pour votre entourage.

4. Imaginez des scénarios concrets :

Pour chaque bénéfice, imaginez une situation où dire "non" aurait apporté ces résultats. Par exemple :

Contexte : Un ami vous demande de l'aider à déménager, mais vous êtes épuisé après une longue semaine de travail.

Si vous dites "oui" : Vous êtes frustré, fatigué, et peut-être irrité envers votre ami.

Si vous dites "non" : Vous vous reposez, rechargez vos batteries et êtes disponible pour l'aider une autre fois avec plus d'enthousiasme.

5. Créez une liste motivante :

Résumez vos réflexions en une liste des principales conséquences positives de dire "non".
Voici quelques exemples :

Je protège mon bien-être physique et mental.

Je me concentre sur mes priorités et mes objectifs.

Je construis des relations basées sur le respect mutuel.

Je me libère de la culpabilité et des obligations inutiles.

Je montre que je me respecte et j'inspire les autres à faire de même.

6. Affichez cette liste :

Placez votre liste dans un endroit visible (bureau, frigo, agenda) pour vous rappeler les bienfaits de dire "non" lorsque vous êtes confronté à une demande difficile.

Exemple :

Contexte : Un collègue me demande de prendre en charge une partie de son travail.

Conséquences positives de dire "non" :

Je respecte mes limites et mon planning.

Mon collègue apprend à s'organiser davantage par lui-même.

Je réduis mon stress et évite une surcharge inutile.

Je me concentre sur mes propres objectifs professionnels.

Bénéfices de cet exercice :

Changer votre perception du "non", en le voyant comme un acte positif plutôt qu'un refus négatif.

Développer une motivation intérieure pour dire "non" plus souvent et sans culpabilité.

Intégrer progressivement cette pratique dans votre vie quotidienne, avec des résultats concrets et gratifiants.

En vous focalisant sur les conséquences positives, vous vous donnez les outils nécessaires pour surmonter la peur ou l'hésitation à refuser. Dire "non" devient ainsi une opportunité de croissance personnelle et relationnelle.

I.4. Observer les moments où dire "non" aurait été bénéfique pour vous.

Cet exercice vous invite à revisiter des situations passées où vous avez dit "oui" à contrecœur et à réfléchir sur les bénéfices que vous auriez pu retirer en disant "non". Cela permet de mieux comprendre l'impact d'un refus sur votre bien-être et d'anticiper des réactions plus affirmées à l'avenir.

Objectif :

Prendre conscience des impacts négatifs de dire "oui" contre votre volonté et comprendre les avantages que vous auriez pu tirer d'un "non".

Étapes :

1. Identifiez des situations clés :

Replongez dans des moments récents ou marquants où vous avez dit "oui" à une demande ou une sollicitation alors que vous auriez préféré dire "non". Posez-vous les questions suivantes :

Était-ce au travail, dans votre vie personnelle ou sociale ?

Quelles étaient vos motivations pour accepter malgré vos réticences (peur, culpabilité, pression) ?

2. Analysez les conséquences de votre "oui" :

Pour chaque situation, réfléchissez à ce qui s'est passé après votre réponse positive :

Votre état émotionnel : Avez-vous ressenti du stress, de la frustration, de l'épuisement ou du ressentiment ?

Votre bien-être : Avez-vous négligé vos propres besoins ou obligations ?

Vos relations : Y a-t-il eu des tensions ou des malentendus avec les autres ?

3. Imaginez une réponse alternative :

Pensez à ce qui aurait pu changer si vous aviez dit "non" :

Impact personnel : Auriez-vous eu plus de temps pour vous reposer ou vous concentrer sur vos priorités ?

Impact relationnel : Comment la personne aurait-elle réagi à un refus respectueux ?

Impact global : Auriez-vous ressenti plus de satisfaction ou de sérénité ?

4. Repérez des schémas récurrents :

Une fois plusieurs exemples analysés, cherchez des similarités :

Y a-t-il des personnes ou des contextes où il vous est particulièrement difficile de refuser ?

Quelles émotions (culpabilité, peur, anxiété) reviennent souvent ?

Ces schémas révèlent-ils des croyances ou des comportements que vous pourriez ajuster ?

5. Tirez des leçons concrètes :

Notez ce que ces situations vous apprennent :

Qu'auriez-vous gagné en disant "non" ?

Quelles formulations ou stratégies pourriez-vous utiliser pour refuser à l'avenir de manière assertive ?

Exemple pratique :

Situation passée : Un collègue m'a demandé de l'aider à finir un rapport urgent alors que j'avais moi-même des tâches importantes à terminer.

Conséquences du "oui" : J'ai dû rester tard pour finir mes propres tâches, j'étais stressé(e) et fatigué(e) le lendemain, et j'ai ressenti de la frustration envers ce collègue.

Si j'avais dit "non" : J'aurais pu expliquer poliment que j'étais déjà surchargé(e) et proposer une alternative (ex. lui suggérer de demander de l'aide à quelqu'un d'autre). Cela aurait protégé mon emploi du temps et réduit mon stress.
Leçon : Dire "non" m'aurait permis de respecter mes priorités et d'éviter le ressentiment, tout en proposant une solution constructive.

Questions pour approfondir :

Quels besoins avez-vous ignorés en disant "oui" (repos, temps pour vous, énergie mentale) ?

Vos peurs de dire "non" étaient-elles justifiées ou exagérées ?

Comment ces expériences influencent-elles votre manière de répondre aujourd'hui ?

Résultats attendus :

1. Une meilleure compréhension de vos besoins : Vous identifiez les moments où vous auriez dû prioriser votre bien-être ou vos objectifs.

2. Une prise de conscience de vos schémas : Vous repérez les situations où vous êtes le plus susceptible de dire "oui" à contrecœur.

3. Une motivation renforcée : Vous réalisez que dire "non" aurait souvent des impacts positifs, ce qui vous encourage à poser des limites à l'avenir.

4. Des outils concrets pour agir différemment : Vous êtes mieux préparé à refuser de manière respectueuse et assertive lors de situations similaires.

Cet exercice vous offre un espace de réflexion pour comprendre vos choix, apprendre de vos expériences et renforcer votre capacité à dire "non" avec assurance. Vous devenez plus conscient de vos besoins, plus confiant dans vos refus, et mieux préparé à construire des relations et un mode de vie plus équilibrés.

I.5. Faire un tableau comparatif entre "dire oui" et "dire non".

Cet exercice vous aide à visualiser les différences entre les effets de dire "oui" et de dire "non" dans diverses situations. Il permet de comprendre les conséquences positives et négatives de chaque réponse et de vous motiver à utiliser le "non" de manière plus réfléchie.

Objectif :

Analyser les impacts du "oui" et du "non" sur votre bien-être, vos priorités, et vos relations pour mieux équilibrer vos décisions.

Étapes :

1. Identifiez une situation spécifique :
Choisissez une situation récente ou récurrente où vous avez dû prendre une décision entre "oui" et "non" (ex. accepter une tâche supplémentaire, participer à un événement, rendre un service).

2. Créez votre tableau comparatif :

Sur une feuille ou un document, tracez un tableau à deux colonnes :

Colonne 1 : Les conséquences de dire "oui".

Colonne 2 : Les conséquences de dire "non".

3. Évaluez les impacts sur plusieurs dimensions :

Pour chaque réponse ("oui" ou "non"), réfléchissez aux conséquences possibles en fonction des critères suivants :

Votre bien-être : Comment cette réponse affecte-t-elle votre santé physique et mentale ?

Vos priorités : Est-ce aligné avec vos objectifs ou vos valeurs personnelles ?
Vos relations : Quel impact cette réponse a-t-elle sur vos interactions avec les autres ?

Votre temps : La réponse respecte-t-elle vos disponibilités ?

Votre énergie : Cette décision vous recharge-t-elle ou vous épuise-t-elle ?

4. Ajoutez une analyse personnelle :

À la fin du tableau, notez vos observations : Qu'avez-vous appris en comparant ces deux choix ? Quelle décision semble la plus bénéfique pour vous dans cette situation ?

Faire ce tableau vous permet de mieux comprendre les impacts de vos choix, d'identifier les avantages du "non", et de prendre des décisions plus alignées avec vos valeurs et vos priorités. Vous devenez ainsi plus serein et confiant dans vos refus, tout en améliorant la qualité de votre vie personnelle et relationnelle.

Bénéfices de cet exercice :

1. Visualisation claire :
Le tableau vous permet de voir concrètement les avantages et inconvénients de chaque décision.

2. Prise de conscience des impacts :
Vous comprenez comment vos choix influencent votre bien-être, vos relations et vos priorités.

3. Meilleure prise de décision :
En comparant les conséquences, vous développez une capacité à prendre des décisions plus alignées avec vos besoins.

4. Réduction de la culpabilité :
Vous réalisez que dire "non" n'est pas une faiblesse, mais un choix réfléchi qui apporte des bénéfices à long terme.

5. Motivation à poser des limites :
En observant les avantages du "non", vous êtes encouragé à l'utiliser davantage dans votre vie quotidienne.

II. Exercices pratiques en solo

II.1. S'entraîner à dire "non" à voix haute devant un miroir.

Dire "non" peut être intimidant, surtout si vous n'avez pas l'habitude de le faire. Cet exercice pratique vous permet de gagner en assurance en vous entraînant dans un cadre sûr : devant un miroir. En vous observant, vous apprenez à soigner votre ton, votre posture et vos expressions faciales pour rendre vos refus plus naturels et affirmés.

Objectif :

Renforcer votre confiance et votre capacité à dire "non" de manière claire, calme et assertive.

Étapes :

1. Choisissez un moment calme :

Trouvez un endroit où vous serez seul(e) et sans distractions. Placez-vous devant un miroir, de préférence en pied, pour observer votre posture et vos expressions.

2. Préparez des scénarios courants :

Pensez à des situations où vous pourriez avoir du mal à dire "non" (ex. un collègue vous demande de travailler tard, un ami insiste pour une sortie, un proche demande un service). Formulez des phrases que vous pourriez utiliser dans ces contextes.

Exemples de phrases :

"Non, je ne peux pas, j'ai d'autres engagements."

"Merci, mais je vais devoir refuser cette fois-ci."

"Je comprends ta demande, mais ce n'est pas possible pour moi."

3. Travaillez sur votre ton de voix :

Dites "non" à voix haute, en adoptant un ton calme et assuré.

Évitez un ton trop agressif ou trop hésitant. Cherchez un équilibre qui transmet fermeté et respect.

Répétez plusieurs fois jusqu'à ce que cela vous semble naturel.

4. Observez vos expressions faciales :

Regardez-vous dans le miroir pendant que vous dites "non".

Assurez-vous que votre expression est détendue, mais sérieuse. Évitez de sourire si cela pourrait être interprété comme de l'hésitation.

Travaillez à maintenir un regard direct, ce qui renforce l'impact de votre réponse.

5. Corrigez votre posture :

Tenez-vous droit(e), les épaules ouvertes, les pieds bien ancrés au sol. Une posture ferme et stable renforce votre confiance et l'impression que vous donnez.

Évitez les gestes nerveux (ex. croiser les bras, jouer avec vos mains). Utilisez des gestes simples et naturels pour accompagner vos paroles.

6. Ajoutez des variantes de "non" :

Testez différentes façons de refuser selon le contexte :

Polies : "Non, merci, mais une autre fois peut-être."

Directes : "Non, je ne suis pas disponible."

Diplomatiques : "Je ne peux pas t'aider, mais as-tu pensé à demander à quelqu'un d'autre ?"

7. Augmentez la difficulté :

Imaginez des scénarios plus complexes ou des personnes plus insistantes. Répétez vos refus en restant calme et assertif, même dans des contextes plus exigeants.

8. Évaluez votre progression :

Après plusieurs répétitions, posez-vous ces questions :

Est-ce que je me sens plus à l'aise pour dire "non" ?

Mon ton et ma posture expriment-ils de la fermeté et du respect ?
Qu'est-ce que je peux encore améliorer (intonation, gestuelle, expression) ?

Conseils pour réussir :

Si vous ressentez de l'inconfort, rappelez-vous que c'est normal au début. L'objectif est de progresser à votre rythme.

Pratiquez cet exercice régulièrement, même quelques minutes par jour, pour renforcer votre aisance.

Si possible, enregistrez-vous pour évaluer votre ton de voix et votre langage corporel. Cela peut vous donner des pistes d'amélioration.

Exemple pratique :

Contexte : Un collègue insiste pour que vous preniez une partie de son travail.

Phrase pratiquée :

Regard dans le miroir, ton calme et affirmé :
"Je comprends que tu as besoin d'aide, mais je ne peux pas t'aider cette fois-ci. J'ai déjà beaucoup de tâches à gérer."

Posture droite, épaules relâchées, regard direct.

Répétition 3 fois jusqu'à ce que cela devienne fluide.

Bénéfices de cet exercice :

1. Renforcement de la confiance en soi :
En vous exerçant régulièrement, vous gagnez en assurance, ce qui vous prépare à dire "non" dans des situations réelles.

2. Amélioration de la communication :
Vous apprenez à utiliser un ton de voix, une posture et des expressions qui renforcent votre message et évitent les malentendus.

3. Réduction de l'anxiété :
En vous entraînant dans un cadre sûr, vous diminuez le stress lié à l'idée de refuser dans des contextes sociaux ou professionnels.

4. Alignement entre le verbal et le non-verbal :

Vous développez une cohérence entre vos paroles et votre langage corporel, ce qui renforce l'impact de votre refus.

5. Préparation aux situations réelles :
En simulant des scénarios, vous vous habituez à gérer des refus dans divers contextes, augmentant ainsi votre capacité à répondre avec calme et assurance.

Cet exercice est une méthode simple mais puissante pour intégrer l'art de dire "non" dans votre vie, tout en renforçant votre affirmation de soi.

II.2. Écrire 10 phrases contenant "non" de manière polie et ferme.

Dire "non" peut être difficile, mais il est possible de le faire avec respect et clarté. Cet exercice vous permet de créer des phrases simples et efficaces pour refuser sans culpabilité tout en maintenant des relations positives. Ces phrases vous serviront dans différents contextes, personnels ou professionnels.

Objectif :

Apprendre à formuler des refus polis et assertifs, adaptés à diverses situations.

Étapes pour construire vos phrases :

1. Adoptez un ton respectueux :

Évitez les formulations agressives ou abruptes, mais restez clair et direct.

Exemple : Au lieu de dire "Non, je ne veux pas", préférez "Je suis désolé, mais ce n'est pas possible pour moi."

2. Exprimez de l'empathie :

Montrez que vous comprenez la demande, même si vous devez la refuser.

Exemple : "Je comprends votre besoin, mais je ne peux pas vous aider cette fois-ci."

3. Restez ferme :

Évitez les justifications longues ou les excuses excessives qui pourraient affaiblir votre refus.

4. Proposez une alternative (si possible) :

Offrir une solution différente montre que vous êtes impliqué, même si vous ne pouvez pas dire "oui".

Exemple : "Je ne peux pas m'en occuper aujourd'hui, mais je peux vous aider plus tard dans la semaine."

10 exemples de phrases contenant "non" de manière polie et ferme :

"Merci de penser à moi, mais je vais devoir refuser cette fois-ci." (Parfait pour refuser une invitation ou une proposition.)

"Je suis désolé, mais je ne peux pas accepter cette demande pour le moment." (Convient pour des refus professionnels ou personnels.)

"Non, ce n'est pas possible pour moi actuellement." (Une réponse courte et claire sans justification excessive.)

"Je comprends que ce soit important pour vous, mais je ne peux pas m'engager." (Pour montrer de l'empathie tout en posant vos limites.)

"Non, je préfère me concentrer sur mes priorités actuelles." (Idéal pour refuser des demandes au travail ou des engagements non essentiels.)

"Je suis flatté que vous pensiez à moi, mais je ne suis pas disponible." (Utile pour refuser une responsabilité ou une tâche supplémentaire.)

"Malheureusement, je ne peux pas répondre favorablement à votre demande, mais merci de m'avoir sollicité." (Refus respectueux et professionnel.)

"Non, je préfère décliner pour cette fois, mais je vous souhaite de réussir." (Pour refuser un projet ou une participation tout en restant positif.)

"Merci pour votre proposition, mais je ne peux pas y donner suite en ce moment." (Refus poli, parfait pour des sollicitations commerciales ou des collaborations.)

"Je ne peux pas vous aider cette fois-ci, mais je suis sûr que vous trouverez une autre solution." (Refus avec suggestion d'alternative, montrant de la bienveillance.)

Conseils pour l'exercice :

1. Adaptez vos phrases :
Utilisez ces exemples comme base et personnalisez-les en fonction de vos besoins et des situations que vous rencontrez.

2. Pratiquez à voix haute :

Entraînez-vous à les dire devant un miroir ou à les répéter dans un cadre informel pour qu'elles deviennent naturelles.

3. Restez cohérent :
Une fois votre refus exprimé, évitez de revenir dessus ou d'ajouter des explications inutiles.

Bénéfices de cet exercice :

1. Préparation mentale : Avoir des phrases prêtes réduit le stress lorsqu'une demande imprévue se présente.

2. Renforcement de l'assurance : Vous apprenez à dire "non" sans hésitation ni culpabilité.

3. Amélioration des relations : Un refus respectueux maintien des relations positives tout en affirmant vos limites.

4. Gestion efficace du temps : Vous gagnez en clarté sur vos priorités et vos engagements en apprenant à refuser ce qui ne vous convient pas.

En répétant cet exercice, vous développerez une capacité naturelle à dire "non" de manière polie, ferme et respectueuse.

II.3. Imaginer une situation fictive et rédiger votre réponse négative.

Cet exercice vous aide à pratiquer l'art de dire "non" en simulant une situation réaliste. En anticipant les refus possibles, vous apprenez à répondre avec calme, respect et assertivité. Cela vous prépare à gérer des demandes similaires dans la vraie vie avec plus de confiance.

Objectif :

S'entraîner à formuler un refus respectueux et assertif dans une situation fictive pour renforcer votre capacité à dire "non" dans des contextes réels.

Étapes :

1. Choisissez une situation fictive :

Imaginez un scénario réaliste dans lequel vous avez du mal à refuser une demande. Voici quelques exemples :

Un collègue vous demande de l'aider sur un projet de dernière minute.

Un ami insiste pour organiser une sortie alors que vous avez besoin de repos.

Un membre de votre famille veut que vous vous occupiez d'une tâche alors que vous êtes déjà très occupé(e).

2. Décrivez le contexte :

Définissez les détails du scénario :

Qui fait la demande ?

Quelle est la nature de la demande ?

Pourquoi cette situation vous met-elle mal à l'aise ou vous pousse-t-elle à dire "non" ?

3. Formulez votre réponse négative :

Rédigez une réponse claire, respectueuse et adaptée à la situation. Utilisez des formulations assertives pour exprimer vos limites sans culpabilité.

4. Ajoutez des variantes :

Essayez plusieurs façons de répondre en fonction du contexte, comme une réponse directe, une réponse diplomatique, ou une réponse offrant une alternative.

Exemple de situation fictive et réponse :

Situation fictive :

Votre collègue, Sophie, vous demande de l'aider à finaliser une présentation importante qui doit être remise demain. Vous êtes déjà en retard sur vos propres tâches, et accepter de l'aider mettrait en péril vos délais.

Réponse négative :

Version directe et respectueuse :

"Je suis désolé, Sophie, mais je ne peux pas t'aider cette fois-ci. J'ai déjà beaucoup de travail à terminer avant la fin de la journée."

Version diplomatique :

"Sophie, je comprends que tu as besoin d'un coup de main, mais je ne peux pas m'occuper de ça en ce moment. Peut-être que tu pourrais demander à quelqu'un d'autre de l'équipe ? Sinon, je serais ravi(e) de t'aider une autre fois."

Version avec alternative :

"Je ne peux pas m'engager à t'aider aujourd'hui, mais je peux te donner quelques conseils rapides pour t'aider à avancer."

Conseils pour rédiger vos réponses :

1. Soyez clair et direct :

Évitez les formulations ambiguës ou hésitantes comme "peut-être" ou "je vais essayer", qui pourraient être perçues comme un "oui" déguisé.

2. Montrez de l'empathie :

Reconnaissez le besoin ou la difficulté de la personne pour montrer que vous comprenez sa situation.

3. Restez ferme :

Une fois votre refus exprimé, évitez de revenir sur votre décision ou de trop vous justifier.

4. Adaptez votre ton :
Assurez-vous que votre ton est respectueux et bienveillant, même lorsque vous posez des limites fermes.

Bénéfices de cet exercice :

1. Anticipation des situations difficiles :

Vous vous préparez à gérer des demandes similaires dans la vie réelle avec moins de stress et plus de sérénité.

2. Renforcement de la confiance :
Vous gagnez en assurance en pratiquant des formulations claires et assertives.

3. Création de réponses personnalisées :
Vous développez des phrases adaptées à vos besoins et à vos relations spécifiques.

4. Amélioration de vos relations :
Vous apprenez à poser des limites tout en maintenant une communication respectueuse et positive.

5. Développement de l'affirmation de soi :
Cet exercice vous permet de pratiquer l'art de dire "non" sans culpabilité, en restant aligné avec vos priorités et vos valeurs.

En répétant cet exercice régulièrement avec différents scénarios, vous renforcerez votre capacité à dire "non" de manière naturelle et affirmée dans tous les aspects de votre vie.

II.4. Enregistrer votre voix en disant "non" et analyser votre ton.

Le ton de votre voix joue un rôle crucial dans la façon dont votre "non" est perçu. Un refus peut sembler hésitant, agressif ou assertif, selon la manière dont vous le prononcez. Cet exercice vous aide à identifier et à ajuster votre ton pour que votre "non" soit clair, respectueux et affirmé.

Objectif :

Améliorer votre ton de voix pour dire "non" avec assurance et respect, tout en évitant l'hésitation ou l'agressivité.

Étapes :

1. Préparez des phrases de refus :

Écrivez plusieurs phrases contenant "non" que vous pourriez utiliser dans différents contextes (professionnel, personnel, social).
Exemples :

"Non, je ne peux pas accepter cette demande."

"Je suis désolé, mais ce n'est pas possible pour moi."

"Non, merci, mais je vais devoir décliner cette proposition."

2. Trouvez un environnement calme :

Installez-vous dans un endroit sans bruit de fond pour enregistrer votre voix avec clarté. Utilisez un smartphone, un dictaphone ou un logiciel d'enregistrement sur ordinateur.

3. Enregistrez vos phrases :

Prononcez chaque phrase plusieurs fois, en variant légèrement :

Une fois avec un ton calme et affirmé.

Une fois avec un ton hésitant ou timide.

Une fois avec un ton plus ferme, voire autoritaire.

4. Écoutez attentivement vos enregistrements :

Analysez les éléments suivants :

Clarté : Votre voix est-elle audible et distincte ?

Fermeté : Votre ton exprime-t-il de la confiance ou de l'hésitation ?

Empathie : Votre ton reste-t-il respectueux, même lorsqu'il est ferme ?

Hésitation : Y a-t-il des pauses inutiles ou des signes d'incertitude ?

Volume : Votre voix est-elle trop basse (manque d'assurance) ou trop forte (agressivité) ?

5. Comparez et ajustez :

Identifiez le ton qui semble le plus assertif et naturel. Répétez vos phrases en adoptant ce ton, puis réenregistrez-vous pour voir si vous vous améliorez.

6. Testez dans des scénarios spécifiques :

Imaginez des situations fictives (ex. refuser une invitation, décliner une tâche) et enregistrez votre réponse comme si vous étiez en conversation réelle. Analysez ensuite votre ton pour évaluer si votre message est convaincant.

7. Notez vos observations :

Prenez des notes sur ce qui fonctionne bien et sur les aspects à améliorer, comme l'intonation, le rythme ou le volume.

8. Répétez régulièrement :

Plus vous pratiquez, plus votre ton de voix deviendra naturel et adapté pour dire "non" dans des situations réelles.

Conseils pour un ton optimal :

Adoptez un rythme calme : Parlez lentement pour montrer que vous êtes sûr(e) de vous.

Soyez ferme sans être agressif : Évitez les intonations dures ou brusques, mais ne laissez pas paraître de timidité.
Gardez une voix posée : Un ton bas et stable inspire davantage de confiance qu'un ton aigu ou fluctuant.

Souriez légèrement si nécessaire : Cela peut rendre votre "non" plus chaleureux sans diminuer sa fermeté.

Exemple d'analyse d'un enregistrement :

Phrase enregistrée : "Non, je ne peux pas vous aider cette fois-ci, mais merci de m'avoir demandé."

Analyse :

Clarté : La voix est audible et distincte.

Fermeté : Le ton est stable, mais manque légèrement de conviction.

Empathie : Le remerciement adoucit le refus, ce qui est positif.

Amélioration : Augmenter légèrement le volume et éviter un léger tremblement dans la voix.

Bénéfices de cet exercice :

1. Amélioration de la confiance en soi :
En identifiant les aspects de votre ton à améliorer, vous gagnez en assurance pour dire "non" de manière naturelle.

2. Alignement verbal et non-verbal :
Votre voix devient cohérente avec vos intentions, renforçant l'impact de vos refus.

3. Clarté et professionnalisme :
Un ton affirmé et respectueux renforce votre crédibilité dans des contextes professionnels.

4. Réduction de l'anxiété :
En vous familiarisant avec votre ton, vous diminuez la peur de mal vous exprimer ou d'être mal interprété.

5. Meilleure gestion des relations :
Dire "non" avec un ton respectueux favorise des interactions honnêtes et constructives.

6. Prise de conscience des émotions :
En écoutant votre voix, vous apprenez à détecter les signaux de stress ou d'hésitation et à les corriger.

7. Mise en pratique concrète :
Cet exercice vous prépare à gérer des demandes difficiles avec plus de calme et de maîtrise.

En résumé :

Enregistrer votre voix en disant "non" est un moyen efficace de développer votre assertivité. Cet exercice vous aide à ajuster votre ton pour exprimer vos refus avec respect et clarté, tout en renforçant votre capacité à gérer des situations délicates avec assurance.

II.5. Créer un mantra personnel sur le droit de refuser.

Un mantra personnel est une phrase courte et puissante que vous pouvez répéter pour renforcer votre état d'esprit et surmonter vos blocages. Dans cet exercice, il s'agit de créer un mantra qui vous rappelle votre droit légitime de dire "non" et de poser des limites saines.

Objectif :

Créer un mantra qui vous aide à accepter et affirmer votre droit de refuser sans culpabilité ni peur, tout en renforçant votre confiance en vous.

Étapes :

1. Identifiez vos besoins et vos valeurs :

Prenez un moment pour réfléchir à ce que signifie pour vous le fait de dire "non". Posez-vous des questions comme :

Pourquoi est-il important pour moi de poser des limites ?

Quelles valeurs (respect de soi, authenticité, équilibre) je veux refléter dans mon refus ?

2. Transformez vos peurs en affirmations positives :

Notez vos peurs ou croyances limitantes liées au refus (ex. "Dire non va blesser les autres") et reformulez-les en pensées positives (ex. "Dire non avec respect est un acte d'amour-propre et d'authenticité").

3. Élaborez une phrase courte et inspirante :

Votre mantra doit être simple, clair, et facile à retenir. Il doit refléter votre droit à dire "non" tout en étant bienveillant envers vous-même et les autres.

Exemple : "Dire non, c'est respecter mes besoins et ceux des autres."

4. Testez et ajustez :

Répétez votre mantra à voix haute. Ajustez les mots ou le ton si nécessaire pour qu'il vous motive et vous apaise.

5. Intégrez-le dans votre quotidien :

Récitez votre mantra régulièrement, surtout avant ou après des situations où vous devez dire "non". Écrivez-le sur un post-it ou dans votre téléphone pour le garder à portée de main.

Exemples de mantras personnels :

1. "Je dis non avec bienveillance et respect pour me protéger."

2. "Dire non est un acte d'amour envers moi-même."

3. "J'ai le droit de poser des limites sans culpabiliser."

4. "Chaque non m'aide à dire oui à ce qui compte vraiment."

5. "Je respecte mes besoins en disant non avec clarté."

6. "Dire non me permet de vivre en harmonie avec mes priorités."

7. "Refuser n'est pas rejeter, c'est prendre soin de moi."

8. "Je peux dire non tout en restant connecté aux autres."

9. "Un non sincère vaut mieux qu'un oui forcé."

10. "Mon non est un message de respect pour moi-même et pour les autres."

Conseils pour maximiser l'impact du mantra :

1. Associez-le à un geste :
Par exemple, placez votre main sur votre cœur ou respirez profondément en répétant le mantra pour l'ancrer dans votre corps.

2. Utilisez-le comme ancrage mental :
Lorsque vous êtes confronté à une demande difficile, récitez votre mantra intérieurement pour vous recentrer.

3. Personnalisez-le :
Ajoutez des mots ou des phrases qui reflètent votre personnalité et vos besoins spécifiques.

4. Pratiquez-le quotidiennement :
Répétez votre mantra chaque matin pour renforcer votre état d'esprit et vous rappeler votre droit de refuser.

Bénéfices de cet exercice :

1. Renforcement de la confiance en soi :
Un mantra positif vous aide à dépasser vos peurs et à affirmer vos limites avec assurance.

2. Réduction de la culpabilité :
En répétant votre droit de dire "non", vous neutralisez les croyances limitantes liées au refus.

3. Ancrage émotionnel :
Le mantra devient une ressource mentale qui vous apaise et vous motive dans des situations de stress ou de doute.

4. Alignement avec vos valeurs :
En créant un mantra personnalisé, vous agissez en cohérence avec vos besoins, vos priorités et vos valeurs personnelles.

5. Facilitation de la communication :
Le mantra vous prépare mentalement à dire "non" avec calme et respect, ce qui améliore vos interactions.

En résumé :
Créer un mantra personnel sur le droit de refuser est un outil puissant pour renforcer votre confiance, clarifier vos intentions et affirmer vos limites avec respect et bienveillance. Ce mantra devient une ancre mentale qui vous accompagne dans votre quotidien et vous aide à dire "non" avec sérénité.

III. Exercices en contexte social

III.1. Refuser une offre commerciale non essentielle.

Refuser une offre commerciale non essentielle, qu'elle soit faite en personne, par téléphone ou en ligne, est un exercice courant. Il est important de répondre clairement et respectueusement pour éviter de perdre du temps ou d'être influencé(e) par des techniques de persuasion. Cela vous permet également de rester concentré(e) sur vos besoins réels et vos priorités financières.

Pourquoi est-il important de refuser fermement ?

1. Éviter la pression : Beaucoup de vendeurs utilisent des tactiques pour vous pousser à dire "oui" rapidement.

2. Protéger vos finances : Refuser des offres inutiles préserve votre budget pour ce qui compte vraiment.

3. Gagner du temps : Une réponse claire met fin rapidement à une discussion commerciale non désirée.

4. Renforcer votre assertivité : Vous apprenez à poser vos limites dans des situations commerciales.

Comment refuser une offre commerciale efficacement ?

1. Écoutez brièvement la proposition (si nécessaire)

Si vous êtes déjà engagé(e) dans une conversation, laissez l'autre personne finir sa phrase avant de répondre. Cela montre que vous êtes respectueux(se) tout en restant maître de la situation.

"Merci pour votre offre, je comprends ce que vous proposez."

2. Exprimez votre refus clairement

Refusez avec des phrases directes et concises.

"Je ne suis pas intéressé(e)."
"Non, merci, je ne souhaite pas donner suite."

3. Donnez une explication succincte (facultatif)

Si vous le souhaitez, expliquez brièvement pourquoi vous refusez, mais ce n'est pas obligatoire.

"Ce n'est pas une priorité pour moi en ce moment."

"Je ne fais pas d'achats impulsifs."

4. Terminez poliment mais fermement

Concluez la conversation avec une phrase qui ferme la discussion.

"Merci de votre compréhension, mais ma décision est prise."

"Je vous souhaite une bonne journée."

Exemples de réponses adaptées

1. En personne

Situation : Un vendeur vous aborde dans un magasin ou à domicile.

"Merci pour votre présentation, mais je ne suis pas intéressé(e). Bonne journée."

2. Par téléphone

Situation : Un commercial vous appelle pour vous proposer un service ou un produit.

"Merci pour l'appel, mais je ne suis pas intéressé(e). Je vous souhaite une bonne journée."

"Je ne suis pas disponible pour discuter de cela. Merci et au revoir."

3. En ligne ou par courriel

Situation : Vous recevez une offre promotionnelle par courriel ou sur un site.

"Merci, mais cette offre ne correspond pas à mes besoins actuels."

"Je ne suis pas intéressé(e). Merci de me retirer de votre liste de diffusion."

Conseils pour refuser une offre commerciale

1. Restez ferme : Ne laissez pas de place à l'ambiguïté, sinon le vendeur pourrait insister.

2. Ne vous justifiez pas trop : Vous n'avez pas à expliquer en détail pourquoi vous refusez.

3. Évitez les phrases ouvertes : Une réponse comme "Je vais y réfléchir" peut-être interprétée comme une invitation à poursuivre la discussion.

4. Soyez poli(e) : Un ton respectueux met fin à la conversation sans conflit.

Ce qu'il faut éviter

1. Dire "oui" sous la pression : Prenez toujours le temps de réfléchir avant de vous engager.

2. Être trop vague : Une réponse floue peut encourager le vendeur à insister.

3. Rester dans la discussion trop longtemps : Une fois votre refus exprimé, mettez fin à la conversation.

Les bénéfices de refuser une offre commerciale non essentielle

1. Économies financières : Vous évitez de dépenser pour des produits ou services inutiles.

2. Gain de temps : Vous mettez rapidement fin à une conversation qui ne vous apporte pas de valeur.

3. Confiance en soi : Vous développez votre capacité à dire "non" avec assurance.

4. Alignement avec vos priorités : Vous restez concentré(e) sur ce qui est vraiment important pour vous.

Conclusion

Refuser une offre commerciale non essentielle est une compétence essentielle pour protéger votre temps, votre énergie et vos finances. Avec des réponses claires, polies et fermes, vous pouvez gérer ces interactions avec assertivité tout en maintenant des relations respectueuses. Rappelez-vous : dire "non" à une offre non essentielle, c'est dire "oui" à vos véritables priorités.

III.2. Dire "non" à un ami pour une petite demande qui ne vous arrange pas.

Refuser une petite demande d'un ami peut sembler difficile, surtout si vous craignez de le froisser. Cependant, apprendre à dire "non" avec respect et clarté est essentiel pour maintenir des relations saines et préserver vos limites.

Pourquoi est-il important de dire "non" ?

1. Protéger vos limites : Même une "petite demande" peut vous mettre en difficulté si elle ne vous convient pas.

2. Éviter le ressentiment : Dire "oui" à contrecœur peut entraîner des frustrations à long terme.

3. Favoriser une communication honnête : Un refus respectueux montre que vous valorisez une relation basée sur la vérité.

4. Gérer vos priorités : Vous devez rester fidèle à vos engagements et à vos besoins.

Comment dire "non" à un ami avec tact ?

1. Reconnaissez la demande avec respect

Montrez que vous écoutez et comprenez la demande de votre ami.

"Je comprends pourquoi tu me demandes ça."

"C'est gentil de penser à moi pour cela."

2. Formulez votre refus clairement

Exprimez votre "non" de manière directe et respectueuse.

"Je suis désolé(e), mais je ne peux pas t'aider cette fois."

"Ça ne m'arrange pas pour le moment."

3. Ajoutez une explication succincte (facultatif)

Si vous le souhaitez, expliquez brièvement pourquoi vous refusez, sans entrer dans trop de détails.

"J'ai déjà des engagements aujourd'hui."

"Je suis un peu surchargé(e) en ce moment."

4. Proposez une alternative (optionnel)

Si possible, offrez une autre manière de l'aider ou proposez une solution future.

"Je ne peux pas t'aider aujourd'hui, mais je pourrais te donner un coup de main ce week-end."

"As-tu pensé à demander à [nom d'une autre personne] ? Je pense qu'il/elle pourrait t'aider."

5. Terminez avec une note positive

Montrez que votre refus n'altère pas votre amitié.

"J'espère que tu comprends, et on se voit bientôt pour autre chose."

"Merci de ta compréhension, on en reparle une prochaine fois."

Exemples concrets de réponses

1. Refuser une aide pour un déménagement

"Je suis désolé(e), mais je ne peux pas t'aider samedi. J'ai déjà d'autres engagements. Peut-être qu'on peut se voir après pour boire un verre ?"

2. Dire non à une demande de prêt d'un objet

"Je préfère ne pas prêter ma voiture, mais si tu as besoin d'un trajet, je peux t'aider à organiser cela."

3. Refuser une invitation à sortir

"Merci pour l'invitation, mais je vais devoir décliner. Je suis fatigué(e) et j'ai besoin de me reposer ce soir.

Conseils pour dire "non" efficacement

1. Soyez honnête : Une explication sincère est souvent mieux acceptée qu'une excuse inventée.

2. Restez calme et amical(e) : Adoptez un ton bienveillant pour montrer que votre refus n'est pas personnel.

3. Ne vous justifiez pas trop : Une explication courte suffit, sinon cela peut inviter à des discussions inutiles.

4. Répétez si nécessaire : Si votre ami insiste, restez ferme mais poli(e).

"Je comprends, mais je ne peux vraiment pas cette fois-ci."

Ce qu'il faut éviter

1. Dire "oui" à contrecœur : Cela peut créer de la frustration ou du ressentiment.

2. Mentir : Une fausse excuse peut être découverte et nuire à la confiance dans votre relation.

3. Être trop vague : Une réponse floue comme "peut-être" risque de laisser la porte ouverte à de l'insistance.

Les avantages de dire "non" à un ami

1. Renforcement de la relation : Une communication honnête est la base d'une amitié saine.

2. Respect mutuel : Votre ami apprendra à respecter vos limites.
3. Préservation de votre bien-être : Vous évitez de vous sentir submergé(e) ou frustré(e).

Conclusion

Dire "non" à un ami pour une petite demande est une compétence essentielle pour maintenir des relations équilibrées et respecter vos propres limites. En exprimant votre refus avec clarté, respect et bienveillance, vous renforcez non seulement votre amitié, mais aussi votre assertivité. Rappelez-vous : un "non" sincère vaut mieux qu'un "oui" à contrecœur.

III.3. Demander un délai avant de répondre à une sollicitation.

Demander un délai avant de répondre à une sollicitation est une stratégie efficace pour éviter de donner un "oui" impulsif ou de refuser sans réflexion. Cela vous donne le temps d'évaluer si la demande est alignée avec vos priorités, vos limites, et votre disponibilité.

Pourquoi demander un délai ?

1. Gagner du temps pour réfléchir :

Vous évitez de répondre sous pression et prenez le temps d'évaluer la situation.

2. Réduire le stress :

Vous n'avez pas à prendre une décision immédiate, ce qui diminue la tension.

3. Donner une réponse réfléchie :

Vous pouvez peser le pour et le contre avant de vous engager ou de refuser.

4. Préserver vos relations : Cela montre que vous prenez la demande au sérieux, même si votre réponse finale est un refus.

Comment demander un délai efficacement ?

1. Reconnaissez la demande

Montrez que vous avez entendu et compris ce qui vous est demandé.

"Merci de m'avoir sollicité(e)."

"Je comprends que c'est important."

2. Demandez du temps pour réfléchir

Exprimez votre besoin de délai de manière claire et respectueuse.

"Je préfère y réfléchir avant de te donner une réponse."

"Puis-je te revenir avec une réponse demain/plus tard dans la journée ?"

3. Fixez une échéance pour répondre

Proposez un délai précis pour éviter toute ambiguïté.

"Je te donnerai ma réponse d'ici demain à 17h."
"Laisse-moi vérifier mon emploi du temps, et je te tiens au courant dans l'après-midi."

4. Restez ferme si on insiste

Si la personne insiste pour une réponse immédiate, réaffirmez votre besoin de temps.

"Je préfère prendre un peu de temps pour réfléchir afin de te donner une réponse honnête et réfléchie."

Exemples de réponses pour demander un délai

1. Dans un contexte professionnel

Demande : "Peux-tu prendre en charge ce projet supplémentaire ?"
Réponse :

"Merci de penser à moi. Puis-je vérifier ma charge de travail et te donner une réponse demain matin ?"

2. Dans un contexte social

Demande : "Viens à ma fête ce week-end !"

Réponse :

"Merci pour l'invitation. Je dois vérifier mon emploi du temps, je te tiens au courant demain."

3. Dans un contexte personnel

Demande : "Peux-tu m'aider à déménager samedi ?"

Réponse :

"Je comprends que tu as besoin d'aide. Je te répondrai ce soir après avoir vérifié mes autres engagements."

Avantages de demander un délai

1. Décision réfléchie : Vous prenez le temps de considérer si la demande est réaliste et alignée avec vos priorités.

2. Moins de pression : Vous ne ressentez pas le besoin de donner une réponse immédiate, ce qui réduit l'anxiété.

3. Respect mutuel : Vous montrez que vous prenez la demande au sérieux, ce qui favorise des relations positives.

4. Alignement avec vos valeurs : Vous vous donnez le temps de déterminer si dire "oui" ou "non" correspond à ce qui est important pour vous.

Conseils pour demander un délai efficacement

1. Soyez honnête : Exprimez clairement que vous avez besoin de temps pour réfléchir.

2. Restez courtois(e) : Adoptez un ton respectueux pour montrer que vous considérez la demande avec sérieux.

3. Proposez une échéance précise : Cela évite de donner l'impression que vous fuyez la question.

4. Respectez votre délai : Assurez-vous de donner votre réponse dans le temps promis pour maintenir la confiance.

Conclusion

Demander un délai avant de répondre à une sollicitation est une excellente manière de protéger vos limites tout en maintenant des relations respectueuses. Cette stratégie vous permet de prendre des décisions réfléchies et alignées avec vos priorités, sans céder à la pression du moment. Rappelez-vous : prendre du temps pour réfléchir est un acte de respect envers vous-même et les autres.

III.4. Tester des réponses comme "Je ne peux pas" ou "Ce n'est pas possible pour moi".

Dire "Je ne peux pas" ou "Ce n'est pas possible pour moi" est une manière simple, directe et respectueuse de refuser une demande. Ces phrases claires permettent de poser des limites sans inviter à des débats ou des justifications excessives.

Pourquoi utiliser ces réponses ?

1. Clarté : Elles sont simples et faciles à comprendre, ce qui évite toute ambiguïté.

2. Respect : Elles montrent que vous êtes poli(e) et considérez la demande, même si vous ne pouvez pas y répondre favorablement.

3. Efficacité : Ces réponses courtes permettent de refuser sans perdre de temps ni d'énergie.

4. Neutralité : Elles ne donnent pas lieu à des interprétations négatives ou des conflits inutiles.

Comment utiliser ces réponses efficacement ?

1. Commencez par une reconnaissance de la demande

Avant de refuser, montrez que vous avez entendu et compris ce qui vous est demandé.

"Merci de penser à moi pour cela."

"Je comprends que c'est important pour toi."

2. Formulez votre refus clairement

Utilisez des phrases directes comme :

"Je ne peux pas."

"Ce n'est pas possible pour moi actuellement."

"Je ne suis pas disponible pour cela."

3. Restez ferme et respectueux(se)

Adoptez un ton calme et posé pour montrer que votre refus est réfléchi et définitif.

4. Ajoutez une phrase de politesse (facultatif)

Vous pouvez conclure par une expression de gratitude ou de compréhension.

"Merci de ta compréhension."

"J'espère que tu trouveras une solution."

Exemples concrets

1. Contexte professionnel

Demande : "Peux-tu rester tard ce soir pour m'aider avec ce dossier ?"

Réponse :

"Je ne peux pas ce soir, j'ai déjà d'autres engagements."

2. Contexte social

Demande : "Viens à cette fête ce week-end !"

Réponse :

"Merci pour l'invitation, mais ce n'est pas possible pour moi."

3. Contexte familial

Demande : "Peux-tu m'aider à déménager ce samedi ?"

Réponse :
"Je comprends que tu as besoin d'aide, mais je ne peux pas ce samedi."

Conseils pour bien utiliser ces réponses

1. Soyez concis(e) : Plus la réponse est courte, moins elle invite à des négociations.

2. Évitez de trop vous justifier : Une explication simple suffit. Pas besoin d'entrer dans des détails.

3. Répétez si nécessaire : Si on insiste, reformulez calmement :

"Je comprends, mais ce n'est vraiment pas possible pour moi."

4. Adaptez votre ton : Un ton bienveillant et respectueux réduit le risque de froisser l'autre personne.

Avantages de ces réponses

1. Facilité d'utilisation : Elles sont universelles et conviennent à presque toutes les situations.

2. Réduction du stress : Vous n'avez pas besoin de chercher des excuses compliquées ou de négocier.

3. Respect des limites : Vous affirmez vos priorités sans compromettre vos besoins.

4. Interactions plus saines : Ces réponses directes favorisent une communication claire et respectueuse.

Conclusion

Tester des réponses comme "Je ne peux pas" ou "Ce n'est pas possible pour moi" est un excellent moyen de poser vos limites tout en restant respectueux(se) et assertif (Ve). Ces phrases simples et efficaces vous permettent de refuser une demande sans culpabilité ni stress. Rappelez-vous : dire "non" est un acte de respect envers vous-même et vos priorités.

III.5. Utiliser une excuse simple et universelle pour refuser.

Apprendre à dire "non" en utilisant une excuse simple et universelle est une méthode efficace pour refuser poliment sans entrer dans des justifications complexes. Ces excuses sont pratiques dans diverses situations sociales, personnelles ou professionnelles, et permettent de poser vos limites avec respect.

Pourquoi utiliser une excuse simple ?

1. Éviter les malentendus : Une excuse claire et concise réduit les risques d'insistance ou de confusion.

2. Économiser votre énergie : Vous n'avez pas à entrer dans des explications longues ou détaillées.

3. Garder le contrôle : Vous restez maître de vos priorités sans culpabilité.

4. Maintenir des relations positives : Une excuse bien formulée montre du respect tout en affirmant vos limites.

Exemples d'excuses simples et universelles

1. "Je ne peux pas pour le moment."

Polie et ouverte, cette excuse montre que vous avez d'autres priorités sans entrer dans les détails.

"Merci pour ta proposition, mais je ne peux pas pour le moment."

2. "J'ai déjà d'autres engagements."

Indique que votre emploi du temps est chargé sans nécessité de spécifier lesquels.

"Je suis désolé(e), j'ai déjà d'autres engagements à ce moment-là."

3. "Je préfère ne pas m'engager pour le moment."

Idéale pour refuser une demande sans fermer complètement la porte.

"Je préfère ne pas m'engager pour le moment, mais merci de penser à moi."

4. "Ce n'est pas possible pour moi actuellement."

Une excuse neutre et professionnelle, parfaite dans un contexte formel. "Merci de me proposer cela, mais ce n'est pas possible pour moi actuellement."

5. "Je dois vérifier mon emploi du temps."

Utile si vous voulez éviter une réponse immédiate tout en laissant la possibilité de refuser plus tard.

"Laisse-moi vérifier mon emploi du temps et je te reviens."

Quand utiliser une excuse universelle ?

Au travail :
Refuser une tâche supplémentaire ou une réunion non prioritaire.

"Je ne peux pas m'en charger pour le moment, car je suis concentré(e) sur d'autres priorités."

Dans la vie sociale :
Décliner une invitation à une soirée ou un événement.

"Merci pour l'invitation, mais j'ai déjà quelque chose de prévu."

Dans la vie personnelle :
Refuser une demande d'aide ou un prêt d'argent.

"Je suis désolé(e), ce n'est pas possible pour moi en ce moment."

Comment rendre l'excuse plus efficace ?

1. Soyez bref (Ve) : Une réponse courte évite les débats ou les insistances.

2. Utilisez un ton respectueux : Adoptez un langage corporel et une intonation bienveillante.

3. Restez ferme : Si on insiste, répétez simplement l'excuse sans vous justifier davantage.

4. Ajoutez un mot positif : Terminez par une phrase de politesse ou de gratitude.

"Merci pour ta compréhension."

Ce qu'il faut éviter

1. Des excuses trop détaillées : Cela peut donner l'impression que vous cherchez une validation ou invitez à la négociation.

2. Mentir : Les excuses mensongères peuvent nuire à la confiance si elles sont découvertes.

3. Hésiter ou tergiverser : Une réponse floue ou incertaine peut encourager l'insistance.

Avantages des excuses simples

1. Moins de pression : Vous pouvez refuser sans ressentir le besoin de convaincre.

2. Flexibilité : Elles s'adaptent à presque toutes les situations.

3. Gain de temps : Vous évitez des échanges longs ou inutiles.

4. Respect des limites : Vous restez fidèle à vos priorités et besoins.

Exemple de mise en pratique

Situation : Un collègue vous demande de l'aider sur un projet de dernière minute.

"Je suis désolé(e), ce n'est pas possible pour moi actuellement. Je suis concentré(e) sur mes propres tâches. Merci de ta compréhension."

Situation : Un ami vous invite à une soirée alors que vous préférez vous reposer.

"Merci pour l'invitation, mais je ne peux pas ce soir. Passe une bonne soirée !"

Conclusion

Utiliser une excuse simple et universelle pour refuser est une manière élégante et efficace de poser vos limites sans compromettre vos relations. En intégrant ces phrases à votre quotidien, vous gagnez en assertivité et en sérénité. Rappelez-vous : dire "non" avec respect est un droit, pas une faute.

IV. Exercices de renforcement de la confiance

IV.1. Pratiquer des techniques de respiration pour rester calme face à un refus.

Dire "non" peut être stressant, surtout si vous craignez une réaction négative ou si vous ressentez de la culpabilité. Pratiquer des techniques de respiration vous aide à rester calme, centré(e), et confiant(e) lorsque vous devez refuser une demande. Une respiration contrôlée réduit le stress et vous permet de répondre avec plus de clarté et d'assurance.

Pourquoi utiliser des techniques de respiration dans ces situations ?

1. Réduire le stress : Une respiration lente et profonde apaise le système nerveux.

2. Favoriser la clarté mentale : Elle aide à rester concentré(e) et à éviter les réponses impulsives.

3. Gérer les émotions : Elle vous permet de répondre avec calme, même si vous ressentez de la pression.

4. Renforcer la confiance : Un esprit calme se traduit par une communication plus assertive et respectueuse.

Techniques de respiration efficaces

1. La respiration diaphragmatique (ou abdominale)

Objectif : Réduire le stress en activant le système parasympathique.
Comment faire :

1. Asseyez-vous ou tenez-vous droit(e). Placez une main sur votre poitrine et l'autre sur votre abdomen.

2. Inspirez profondément par le nez en gonflant votre abdomen (votre poitrine doit bouger le moins possible).

3. Expirez lentement par la bouche, en contractant légèrement les muscles abdominaux.

4. Répétez pendant 2 à 3 minutes.

2. La respiration en 4-4-6

Objectif : Apaiser rapidement l'anxiété avant ou pendant une discussion difficile.
Comment faire :

1. Inspirez lentement par le nez en comptant jusqu'à 4.

2. Retenez votre souffle en comptant jusqu'à 4.

3. Expirez doucement par la bouche en comptant jusqu'à 6.

4. Répétez 5 à 10 cycles.

3. La cohérence cardiaque (5-5-5)

Objectif : Harmoniser la respiration et le rythme cardiaque pour un effet relaxant immédiat.
Comment faire :

1. Inspirez par le nez pendant 5 secondes.

2. Expirez par la bouche pendant 5 secondes.

3. Continuez ce cycle pendant 5 minutes.

4. La respiration "STOP" (technique d'urgence)

Objectif : Réagir calmement face à une situation stressante.
Comment faire :

1. S : Stoppez-vous. Faites une pause avant de répondre.

2. T : Prenez une grande respiration. Inspirez lentement et expirez longuement.

3. O : Observez vos sensations et émotions sans jugement.

4. P : Poursuivez votre réponse, maintenant que vous êtes plus calme.

Quand pratiquer ces techniques ?

1. Avant de dire "non" : Préparez-vous à refuser calmement en pratiquant une respiration profonde.
2. Pendant une discussion : Si vous ressentez de la pression ou de l'inconfort, utilisez discrètement une technique comme la cohérence cardiaque.

3. Après la discussion : Si le refus a généré du stress, prenez quelques minutes pour vous recentrer.

Exemple d'utilisation en situation réelle

Contexte : Vous devez dire non à un collègue qui vous demande de l'aide pour une tâche de dernière minute.

1. Avant de répondre, prenez une grande respiration diaphragmatique pour calmer vos nerfs.

2. Pendant la discussion, si vous ressentez de la tension, inspirez lentement et profondément tout en maintenant un ton calme.

3. Après avoir dit "non", prenez quelques minutes pour pratiquer une respiration en 4-4-6 afin de relâcher toute tension restante.

Conseils pour intégrer la respiration à votre quotidien

1. Pratiquez régulièrement : Plus vous vous entraînez, plus ces techniques deviennent automatiques en situation stressante.

2. Adoptez une posture ouverte : Une position droite et détendue facilite une respiration fluide.

3. Créez une routine : Intégrez 5 minutes de respiration consciente chaque jour pour réduire globalement le stress.
4. Utilisez des rappels : Associez ces techniques à des moments spécifiques, comme avant une réunion ou un appel important.

Les avantages à long terme

1. Gestion du stress améliorée : Vous apprenez à rester calme même dans des situations difficiles.

2. Assertivité renforcée : Une respiration contrôlée soutient une communication claire et confiante.

3. Bien-être accru : Vous réduisez la tension physique et émotionnelle, ce qui améliore votre santé globale.

4. Interactions positives : Votre calme inspire le respect et favorise des relations plus harmonieuses.

Conclusion

Pratiquer des techniques de respiration pour rester calme face à un refus est une méthode simple et efficace pour mieux gérer vos émotions et renforcer votre assertivité. En cultivant cette habitude, vous gagnerez en sérénité et en confiance, ce qui vous permettra de poser vos limites tout en préservant vos relations. Rappelez-vous : la respiration est un outil toujours à votre disposition pour vous recentrer et vous affirmer.

IV.2. Répéter des affirmations positives comme "J'ai le droit de dire non".

Répéter des affirmations positives est une pratique simple mais puissante pour renforcer votre confiance et reprogrammer votre esprit à accepter l'idée que poser des limites est sain et normal. En répétant des phrases comme "J'ai le droit de dire non", vous commencez à intégrer ce message à vos croyances profondes, ce qui facilite son application dans votre quotidien.

Pourquoi utiliser des affirmations positives ?

1. Reprogrammer votre subconscient : Les affirmations aident à remplacer les croyances limitantes par des pensées positives.

2. Renforcer la confiance en soi : Elles vous rappellent que dire "non" est un acte légitime et respectueux.

3. Réduire la culpabilité : Elles atténuent la peur d'être mal perçu(e) ou d'offenser les autres.

4. Créer un état d'esprit assertif : Elles vous mettent dans une posture mentale où vos besoins sont respectés.

Exemples d'affirmations positives

"J'ai le droit de dire non sans culpabilité."

"Dire non est un acte de respect envers moi-même."

"Je suis en sécurité lorsque je dis non."

"Dire non me permet de dire oui à ce qui compte vraiment."

"Poser mes limites est un signe de force, pas de faiblesse."

"Je mérite de prioriser mes besoins."

Comment utiliser les affirmations positives ?

1. Répétez-les chaque jour

Réservez un moment calme, le matin ou le soir, pour répéter vos affirmations.

Dites-les à voix haute ou dans votre esprit, selon ce qui vous met à l'aise.

2. Utilisez un miroir

Regardez-vous dans le miroir tout en répétant vos affirmations.

Cela renforce la connexion entre vos mots et votre image de soi.

3. Associez-les à des moments spécifiques

Répétez-les avant des situations où vous devrez poser des limites, comme une réunion ou une conversation délicate.

4. Écrivez-les

Notez vos affirmations dans un carnet ou sur des post-it à afficher sur votre bureau, miroir ou espace de travail.

Relisez-les régulièrement pour vous en imprégner.

5. Visualisez le succès

Pendant que vous répétez vos affirmations, imaginez-vous dans une situation où vous dites "non" avec assurance et où cela se passe bien.

Conseils pour des affirmations efficaces

1. Soyez spécifique : Adaptez vos affirmations à vos besoins ou à des situations précises.

2. Formulez-les au présent : Par exemple, "Je peux dire non" est plus puissant que "Je pourrai dire non".

3. Répétez-les avec émotion : Croyez-en ce que vous dites et mettez-y de la conviction.

4. Soyez patient(e) : Les affirmations nécessitent du temps pour s'intégrer à votre état d'esprit.

Exemple d'une routine d'affirmations

1. Matin :

En vous regardant dans le miroir, dites :

"Aujourd'hui, je respecte mes limites et je dis non si nécessaire."

2. Avant une situation stressante :

Prenez une grande respiration et répétez :

"J'ai le droit de dire non sans culpabilité."

"Dire non est un acte de respect envers moi-même."

3. Soir :

Écrivez dans un carnet ce que vous avez accompli et dites :

"Aujourd'hui, j'ai dit non et je me sens fier/fière de m'être respecté(e)."

Avantages à long terme

1. Renforcement de votre assertivité : Vous vous habituez à poser vos limites sans hésitation.

2. Réduction du stress : Vous vous sentez plus en paix avec vos décisions.

3. Amélioration des relations : Dire "non" de manière respectueuse favorise des interactions plus honnêtes.

4. Alignement avec vos priorités : Vous gagnez du temps et de l'énergie pour ce qui compte vraiment.

Conclusion

Répéter des affirmations positives comme "J'ai le droit de dire non" est un moyen efficace de transformer vos croyances limitantes et de renforcer votre capacité à poser des limites. Avec une pratique régulière, vous ressentirez une confiance accrue et une plus grande sérénité face à vos décisions. Rappelez-vous : dire non est un acte de respect pour soi-même et pour les autres.

IV.3. Se rappeler une situation où dire "non" a eu des effets positifs.

Se remémorer une situation où vous avez dit "non" et où cela a eu des effets positifs est un exercice puissant pour renforcer votre confiance et votre assertivité. Cela vous permet de reconnaître les bénéfices de poser des limites et de vous rappeler que dire "non" peut être bénéfique pour vous-même et pour les autres.

Pourquoi se rappeler une situation où dire "non" a été bénéfique ?

1. Renforcer la confiance en soi : Vous réalisez que poser des limites a des résultats positifs.

2. Réduire la culpabilité : Vous comprenez que refuser peut-être constructif et n'a pas nécessairement de conséquences négatives.

3. Motiver à dire "non" à l'avenir : Une expérience réussie vous encourage à poser vos limites dans d'autres contextes.

4. Reconnaître vos priorités : Cela vous rappelle que vous avez le droit de protéger votre temps, votre énergie et vos valeurs.

Comment réfléchir à cette situation ?

1. Identifiez une situation spécifique

Pensez à un moment où vous avez dit "non" :

À une demande professionnelle.

À une sollicitation sociale.

À une tâche ou un engagement qui ne vous convenait pas.

2. Analysez les résultats

Demandez-vous ce qui s'est passé après votre refus :

Avez-vous préservé votre temps ou votre énergie ?

La personne a-t-elle respecté votre décision ?

Avez-vous ressenti un soulagement ou une fierté ?

3. Notez les bénéfices

Prenez conscience des avantages concrets de votre "non" :

Moins de stress ou de surcharge.

Meilleure gestion de vos priorités.

Relation renforcée grâce à une communication honnête.

Exemples de situations positives

1. Au travail : Refuser une tâche supplémentaire

Situation : Votre manager vous a demandé de prendre en charge un projet supplémentaire alors que vous étiez déjà surchargé(e).

Votre réponse : "Je comprends l'importance de ce projet, mais je suis déjà à pleine capacité avec mes responsabilités actuelles. Je préfère me concentrer sur mes tâches pour garantir leur qualité."

Résultat positif : Vous avez terminé vos tâches prioritaires à temps et votre manager a compris votre position.

2. Dans la vie sociale : Refuser une invitation

Situation : Un ami vous a invité à une soirée alors que vous aviez besoin de repos.

Votre réponse : "Merci pour l'invitation, mais je vais devoir décliner cette fois-ci. Je me sens fatigué(e) et j'ai besoin de récupérer."

Résultat positif : Vous vous êtes reposé(e), ce qui vous a permis d'être plus en forme et de mieux profiter de votre semaine.

3. Dans la vie personnelle : Refuser une aide mal placée

Situation : Un proche vous a demandé un prêt d'argent que vous n'étiez pas à l'aise d'accorder.

Votre réponse : "Je comprends que tu as besoin d'aide, mais je ne peux pas te prêter d'argent. Je suis sûr(e) que tu trouveras une autre solution."

Résultat positif : Vous avez évité une situation financière délicate et maintenu des limites saines dans votre relation.

Questions pour approfondir votre réflexion

1. Comment vous êtes-vous senti(e) après avoir dit "non" ?

2. Quels bénéfices avez-vous constatés pour vous-même ?

3. La personne a-t-elle bien réagi à votre refus ?

4. Qu'avez-vous appris de cette expérience ?

Conseils pour tirer le meilleur de cette réflexion

1. Notez vos expériences positives : Tenez un journal où vous documentez vos "non" réussis et leurs résultats.

2. Analysez les schémas : Identifiez les situations où dire "non" a été le plus bénéfique pour mieux les repérer à l'avenir.

3. Répétez cette réflexion régulièrement : Cela renforce votre assertivité et diminue votre peur de refuser.

4. Utilisez cette expérience comme motivation : Lors de futures sollicitations, rappelez-vous que dire "non" peut avoir des effets positifs.

Les bénéfices à long terme de dire "non"

1. Meilleure gestion de vos priorités : Vous restez concentré(e) sur ce qui compte vraiment pour vous.

2. Relations plus honnêtes : Vous montrez que vous respectez vos limites, ce qui favorise des relations équilibrées.

3. Moins de stress : Vous évitez de vous surcharger avec des engagements non essentiels.

4. Confiance accrue : Chaque "non" réussi renforce votre assurance dans votre capacité à poser des limites.

Conclusion

Se rappeler une situation où dire "non" a eu des effets positifs est une excellente manière de renforcer votre assertivité et de vous encourager à continuer à poser des limites. Chaque fois que vous refusez avec respect et clarté, vous faites un pas vers une vie plus alignée avec vos besoins et vos priorités. Rappelez-vous : dire "non" est souvent un "oui" à vous-même.

IV.4. Visualiser une scène où vous dites "non" avec succès.

La visualisation est un outil puissant pour renforcer votre confiance et votre capacité à dire "non" de manière assertive. En imaginant une scène dans laquelle vous refusez avec succès, vous préparez votre esprit à reproduire ce comportement dans la réalité. Cela peut vous aider à surmonter vos peurs ou hésitations et à mieux gérer vos limites.

Pourquoi utiliser la visualisation pour apprendre à dire "non" ?

1. Renforcer la confiance : Vous vous habituez mentalement à poser des limites de manière respectueuse.

2. Réduire l'anxiété : En pratiquant dans un espace sûr, vous devenez plus à l'aise pour refuser dans des situations réelles.

3. Programmer votre cerveau : La visualisation aide à conditionner votre esprit à adopter un comportement assertif.

4. Pratiquer sans risque : Vous vous entraînez à dire "non" sans craindre de blesser quelqu'un ou de faire une erreur.

Étapes pour visualiser une scène réussie

1. Trouvez un endroit calme

Choisissez un endroit où vous ne serez pas dérangé(e).

Asseyez-vous confortablement ou allongez-vous.

2. Fermez les yeux et respirez profondément

Prenez quelques respirations lentes pour vous détendre.

Inspirez en comptant jusqu'à 4, retenez votre souffle 2 secondes, puis expirez en comptant jusqu'à 6. Répétez 3 à 5 fois.

3. Imaginez une situation spécifique

Pensez à une situation où vous avez du mal à dire "non".

Exemples :

Refuser une demande d'aide de dernière minute au travail.

Dire non à une invitation sociale alors que vous avez besoin de repos.

4. Visualisez les détails

Imaginez le lieu, la personne à qui vous parlez, et le contexte.

Voyez-vous répondre avec assurance.

Exemple : Imaginez votre collègue vous demandant de l'aide, et vous lui répondant calmement :

"Merci pour ta confiance, mais je ne peux pas t'aider cette fois-ci. Je dois me concentrer sur mes priorités actuelles."

5. Concentrez-vous sur votre posture et votre ton

Visualisez-vous avec une posture droite et détendue.

Imaginez que votre voix est calme, posée et respectueuse.

6. Imaginez la réaction de l'autre personne

Visualisez la personne acceptant votre réponse avec compréhension.

Rappelez-vous que dire "non" de manière respectueuse est rarement perçu comme offensant.

7. Ressentez votre succès

Ressentez la fierté et le soulagement d'avoir dit "non" tout en restant respectueux(se).

Prenez un moment pour apprécier cette réussite.

Exemple de visualisation guidée

1. Scénario : Vous êtes au bureau et un collègue vous demande de l'aider à terminer un rapport urgent.

2. Ce que vous visualisez :

Votre collègue s'approche et formule sa demande.

Vous écoutez attentivement, puis répondez calmement :

"Je comprends que tu as besoin d'aide, mais je ne peux pas t'assister cette fois-ci. Je dois terminer mes propres tâches dans les délais."

Vous voyez votre collègue comprendre votre réponse et remercier pour votre honnêteté.

Vous ressentez un sentiment de soulagement et de satisfaction.

Conseils pour une visualisation efficace

1. Soyez précis(e) : Imaginez les détails de la situation pour que la scène soit aussi réaliste que possible.

2. Concentrez-vous sur des émotions positives : Visualisez-vous calme, confiant(e) et respectueux(se).
3. Répétez régulièrement : Plus vous pratiquez, plus il sera facile de reproduire ce comportement dans la réalité.

4. Soyez bienveillant(e) avec vous-même : Si vous avez des hésitations ou des doutes, utilisez cette expérience pour vous améliorer.

Avantages de la visualisation

1. Préparation mentale : Vous vous familiarisez avec les situations où vous devez dire "non".

2. Confiance accrue : Vous développez l'assurance nécessaire pour poser vos limites.

3. Gestion du stress : Vous vous habituez à rester calme et posé(e) dans des moments potentiellement stressants.

4. Amélioration continue : Chaque visualisation vous aide à affiner votre approche.

Conclusion

Visualiser une scène où vous dites "non" avec succès est un moyen puissant de vous entraîner à poser des limites tout en restant respectueux(se). Cet exercice mental vous prépare à agir avec confiance dans des situations réelles. Rappelez-vous : dire "non" de manière respectueuse est un acte de courage et de respect pour vous-même et les autres.

IV.5. Faire un journal des "non" réussis.

Créer un journal des "non" réussis est un outil puissant pour renforcer votre confiance et améliorer votre assertivité. Chaque fois que vous réussissez à dire "non" de manière respectueuse et efficace, vous le documentez, ce qui vous permet de suivre vos progrès et de célébrer vos victoires.

Pourquoi tenir un journal des "non" réussis ?

1. Renforcer la confiance : Vous prenez conscience de vos capacités à poser des limites.

2. Repérer des schémas : Vous identifiez dans quelles situations vous êtes à l'aise ou où vous pouvez encore progresser.

3. Motivation : Chaque "non" réussi devient une source d'encouragement pour les prochaines fois.

4. Amélioration continue : Vous analysez ce qui a bien fonctionné et ajustez votre approche si nécessaire.

Comment structurer votre journal des "non" réussis ?

1. Date et contexte

Notez la date et la situation dans laquelle vous avez dit "non".

Exemple : "Le 1er décembre, au bureau, lors d'une réunion d'équipe."

2. La demande reçue

Décrivez brièvement ce qui vous a été demandé.

Exemple : "Mon manager m'a demandé de prendre en charge un projet supplémentaire non urgent."

3. Votre réponse

Notez la manière dont vous avez refusé, en précisant les mots que vous avez utilisés.

Exemple : "J'ai dit : 'Je ne peux pas m'en charger pour le moment, car je suis concentré(e) sur mes tâches prioritaires. Peut-être qu'un(e) collègue pourrait le prendre en charge ?'"

4. Réaction de l'autre personne

Décrivez comment la personne a réagi à votre refus.

Exemple : "Mon manager a compris et a proposé de redistribuer la tâche à quelqu'un d'autre."

5. Votre ressenti

Notez comment vous vous êtes senti(e) après avoir dit "non".

Exemple : "Je me suis senti(e) soulagé(e) et fier(e) de m'être affirmé(e)."

Exemple de page de journal

Conseils pour tenir votre journal

1. Soyez honnête : Notez aussi vos hésitations ou les moments où vous n'étiez pas sûr(e). Cela vous aidera à progresser.

2. Célébrez vos succès : Relisez régulièrement votre journal pour renforcer votre confiance.

3. Identifiez des tendances : Voyez dans quels contextes ou avec quelles personnes vous êtes plus à l'aise ou rencontrez des difficultés.

4. Pratiquez la gratitude : Remerciez-vous d'avoir pris soin de vos priorités et de votre bien-être.

Les bénéfices à long terme

1. Confiance renforcée : Vous prenez conscience de vos capacités à poser des limites avec respect.

2. Amélioration continue : Vous apprenez de chaque situation et ajustez votre communication.

3. Relations plus saines : En disant "non" avec assurance, vous instaurez des interactions basées sur le respect mutuel.

4. Alignement personnel : Vous vivez en accord avec vos priorités et vos valeurs.

Conclusion

Un journal des "non" réussis est un excellent moyen de suivre vos progrès et de renforcer votre assertivité. Il vous permet de transformer chaque refus en une opportunité de croissance personnelle. Rappelez-vous : chaque "non" bien posé est un pas vers une vie plus alignée avec vos besoins et vos priorités.

V. Exercices avec des proches

V.1. Refuser poliment une invitation que vous ne voulez pas accepter.

Refuser une invitation peut parfois être délicat, surtout si vous ne voulez pas blesser la personne qui vous invite. Cependant, il est tout à fait possible de décliner poliment une invitation tout en préservant la relation.

Pourquoi refuser poliment une invitation ?

1. Respecter vos limites : Vous avez le droit de choisir comment et avec qui vous passez votre temps.

2. Préserver la relation : Une réponse polie montre que vous appréciez l'invitation, même si vous ne pouvez pas y répondre favorablement.

3. Gérer votre temps : Dire "non" à ce qui ne vous convient pas vous permet de prioriser vos propres besoins et engagements.

Comment refuser poliment une invitation ?

1. Remerciez pour l'invitation

Commencez par montrer votre gratitude pour l'invitation. Cela montre que vous appréciez le geste.

"Merci beaucoup pour l'invitation."

"C'est vraiment gentil de penser à moi."

2. Exprimez votre refus clairement

Déclinez l'invitation de manière respectueuse mais ferme, sans laisser de place à l'ambiguïté.

"Malheureusement, je ne pourrai pas être présent(e)."

"Je vais devoir décliner cette fois-ci."

3. Donnez une explication si vous le souhaitez (facultatif)

Une brève raison peut être utile, mais elle n'est pas obligatoire. Soyez honnête, sans trop entrer dans les détails.

"Je suis déjà pris(e) ce jour-là."

"J'ai besoin de me reposer après une semaine chargée."

4. Proposez une alternative (optionnel)

Si vous souhaitez maintenir le lien, proposez une autre manière de passer du temps ensemble.

"J'aimerais qu'on se retrouve une autre fois."

"On pourrait se voir la semaine prochaine si ça te va."

Exemples de réponses polies

1. Invitation à une fête

"Merci beaucoup pour l'invitation, mais je vais devoir décliner cette fois-ci. J'espère que vous passerez une excellente soirée."

2. Invitation à un déjeuner

"C'est très gentil de penser à moi, mais je ne peux pas me libérer pour ce déjeuner. Peut-être une autre fois ?"

3. Invitation à un événement familial

"Merci pour l'invitation, mais je suis déjà pris(e) ce jour-là. Passez un bon moment en famille."

Conseils pour refuser poliment

1. Restez sincère : Évitez les excuses exagérées ou inventées.

2. Soyez ferme : Ne laissez pas de place à l'ambiguïté, sinon la personne pourrait insister.

3. Gardez un ton respectueux : Utilisez un langage et une attitude qui montrent que vous appréciez l'invitation.

4. Proposez une alternative si cela convient : Cela montre que vous tenez à la relation.

Erreurs à éviter

1. Donner trop d'excuses : Cela peut paraître peu sincère ou inviter à des insistances.

2. Laisser planer le doute : Évitez des réponses comme "Peut-être", si vous savez déjà que vous ne voulez pas accepter.

3. Mentir : Si la vérité finit par être découverte, cela pourrait nuire à la relation.

Avantages de refuser poliment une invitation

1. Préservation des relations : Vous déclinez sans blesser ou frustrer la personne qui vous invite.

2. Clarté dans la communication : Vous montrez que vous savez poser vos limites de manière respectueuse.

3. Temps pour vos priorités : Vous gérez votre emploi du temps selon vos besoins et envies.

Conclusion

Refuser poliment une invitation est une compétence sociale précieuse. En montrant votre gratitude pour l'invitation tout en déclinant avec respect et clarté, vous posez vos limites sans nuire à la relation. Rappelez-vous : dire "non" à une invitation, c'est dire "oui" à vos priorités et à votre bien-être.

V.2. Exprimer vos limites clairement dans une discussion.

Exprimer vos limites dans une discussion est une compétence essentielle pour maintenir des relations respectueuses et éviter les malentendus. Poser des limites claires, tout en restant respectueux(se) et assertif(Ve), aide à protéger votre temps, votre énergie et vos valeurs.

Pourquoi est-il important d'exprimer vos limites ?

1. Préserver votre bien-être : Vous évitez de vous sentir submergé(e) ou frustré(e).

2. Renforcer vos relations : Des limites claires favorisent des interactions honnêtes et équilibrées.

3. Affirmer vos priorités : Vous montrez que vous valorisez votre temps et vos engagements.

4. Éviter les malentendus : Une communication directe évite les attentes non réalistes.

Comment exprimer vos limites clairement ?

1. Identifiez vos limites

Avant la discussion, réfléchissez à ce que vous êtes prêt(e) à accepter ou non.

Posez-vous des questions comme :

"Quelles sont mes priorités dans cette situation ?"

"Jusqu'où suis-je prêt(e) à aller pour aider ?"

2. Soyez direct(e) et honnête

Utilisez des phrases simples et claires pour exprimer vos limites.

Exemples :

"Je ne peux pas rester au-delà de 18h."

"Je ne suis pas à l'aise avec cette idée."

"Je préfère ne pas m'engager dans ce projet pour le moment."

3. Utilisez un ton respectueux

Adoptez un ton calme et bienveillant pour éviter de paraître agressif (Ve) ou défensif (Ve).

"Je comprends que c'est important pour toi, mais voici ma position."

4. Donnez une explication concise (si nécessaire)

Expliquez brièvement vos raisons, mais sans entrer dans des détails inutiles.

"Je dois me concentrer sur mes priorités actuelles."

"Je ne suis pas disponible en ce moment."

5. Répétez vos limites si besoin

Si la personne insiste, reformulez votre position sans changer d'avis.

"Comme je l'ai mentionné, je ne peux pas accepter cette demande pour le moment."

6. Proposez une alternative (optionnel)

Si possible, offrez une solution qui montre votre bonne volonté.

"Je ne peux pas m'impliquer cette fois, mais je peux te suggérer quelqu'un d'autre."

"Je ne peux pas faire cela maintenant, mais peut-être la semaine prochaine."

Exemples de limites exprimées clairement

1. Dans un contexte professionnel

Situation : Votre manager vous demande de travailler sur un projet supplémentaire.

Réponse :

"Je comprends l'importance de ce projet, mais je suis déjà engagé(e) sur des tâches prioritaires. Je ne peux pas m'impliquer davantage pour le moment."

2. Dans un contexte personnel

Situation : Un ami insiste pour que vous assistiez à un événement alors que vous avez besoin de repos.

Réponse :

"Merci pour l'invitation, mais j'ai besoin de temps pour moi ce week-end. Je ne pourrai pas venir."

3. Dans un contexte social

Situation : Un collègue vous demande de l'aide alors que vous êtes déjà occupé(e).

Réponse :

"Je suis désolé(e), je suis déjà très pris(e) par mes propres tâches. Je ne peux pas t'aider en ce moment."

Conseils pour exprimer vos limites efficacement

1. Soyez clair(e) dès le début : N'attendez pas que la situation devienne inconfortable.

2. Utilisez-le "je" : Parlez en votre nom pour éviter de blâmer l'autre.

"Je ne peux pas..." au lieu de "Tu me demandes trop."

3. Évitez de vous justifier excessivement : Une explication courte suffit, sinon cela peut affaiblir votre position.

4. Pratiquez l'assertivité : Soyez respectueux(se) mais ferme dans vos propos.

Avantages à long terme

1. Meilleure gestion du temps : Vous consacrez votre énergie à ce qui compte vraiment.

2. Relations plus équilibrées : Les autres apprennent à respecter vos besoins et vos priorités.

3. Confiance accrue : Vous devenez plus sûr(e) de vos décisions.

4. Réduction du stress : Vous évitez les situations où vous vous sentez contraint(e) ou surchargé(e).

Conclusion

Exprimer vos limites clairement dans une discussion est une compétence clé pour préserver votre bien-être et entretenir des relations respectueuses. En pratiquant une communication directe et bienveillante, vous affirmez vos besoins tout en montrant du respect pour ceux des autres. Rappelez-vous :

poser vos limites n'est pas égoïste, c'est un acte de respect envers vous-même et les autres.

V.3. Demander à un proche de jouer un rôle et simuler une demande.

Simuler une demande avec un proche est un exercice efficace pour apprendre à dire "non" de manière respectueuse et assertive. En pratiquant dans un environnement sûr, vous gagnez en confiance et en compétence pour refuser dans des situations réelles.

Pourquoi effectuer cet exercice ?

1. Améliorer votre communication : Vous vous entraînez à formuler vos refus clairement.

2. Gérer vos émotions : Vous apprenez à dire "non" sans culpabilité ou anxiété.

3. Tester des approches : Vous expérimentez différentes façons de refuser pour voir ce qui fonctionne le mieux.

4. Recevoir un feedback constructif : Votre proche peut vous prodiguer des conseils pour améliorer votre manière de répondre.

Comment organiser une simulation ?

1. Choisissez un proche de confiance

Invitez un ami ou un membre de la famille qui est prêt(e) à vous aider de manière bienveillante.

Assurez-vous qu'il/elle comprenne que l'objectif est de s'exercer, et non de juger.

2. Définissez des scénarios réalistes

Choisissez des situations qui vous mettent habituellement mal à l'aise lorsque vous devez dire "non".

Exemples :

Refuser une invitation à une soirée.

Dire non à un collègue qui vous demande de l'aide de dernière minute.

Refuser un prêt d'argent à un ami.

3. Jouez les rôles

Demandez à votre proche de formuler une demande réaliste.

Répondez en utilisant une formulation claire et respectueuse pour refuser.

Exemple de réponse :

"Merci de penser à moi, mais je ne peux pas accepter. J'ai d'autres engagements prioritaires en ce moment."

4. Évaluez vos réponses

Après chaque simulation, demandez à votre proche :

"Ma réponse était-elle claire ?"

"Ai-je semblé respectueux(se) ?"

"Comment as-tu perçu mon refus ?"

5. Répétez avec des variations

Testez différentes approches pour voir laquelle vous semble la plus naturelle et efficace.

Par exemple :

Dire "non" avec une explication courte.

Dire "non" sans justification excessive.

Proposer une alternative à la demande.

Exemples de simulations

1. Refuser une invitation sociale

Demande simulée :

"Tu veux venir à cette fête vendredi soir ?"

Réponse suggérée :

"Merci pour l'invitation, mais je vais devoir décliner cette fois-ci. Une prochaine fois, peut-être."

2. Dire non à une tâche professionnelle supplémentaire

Demande simulée :

"Peux-tu t'occuper de ce rapport d'ici demain ?"

Réponse suggérée :

"Je suis désolé(e), mais je ne peux pas le faire dans ce délai. Je suis déjà concentré(e) sur un projet prioritaire."

3. Refuser un prêt d'argent

Demande simulée :

"Tu pourrais me prêter 50 € pour quelques jours ?"

Réponse suggérée :

"Je comprends que tu as besoin d'aide, mais je ne peux pas te prêter cet argent en ce moment."

Conseils pour réussir l'exercice

1. Restez authentique : Parlez avec vos propres mots pour que vos réponses soient naturelles.

2. Gardez un ton calme : Adoptez une posture et une intonation qui transmettent confiance et respect.

3. Acceptez le feedback : Prenez les critiques comme des opportunités d'amélioration, pas comme des jugements.

4. Pratiquez régulièrement : Répétez l'exercice avec différents scénarios pour renforcer vos compétences.

Avantages de cet exercice

1. Renforcement de la confiance : Vous devenez plus sûr(e) de votre manière de dire "non".

2. Meilleure gestion des situations réelles : Vous êtes préparé(e) pour refuser de manière respectueuse et assertive.

3. Feedback immédiat : Vous apprenez ce qui fonctionne et ce qui peut être amélioré.

4. Réduction du stress : Vous êtes moins anxieux(se) face aux demandes futures.

Conclusion

Demander à un proche de jouer un rôle pour simuler une demande est un excellent moyen de s'exercer à dire "non" dans un cadre sécurisé. En pratiquant régulièrement et en ajustant vos réponses grâce au feedback, vous développerez une communication assertive et respectueuse, adaptée à diverses situations. Rappelez-vous : chaque simulation est une étape vers plus de confiance et d'efficacité dans vos interactions quotidiennes.

V.4. Demander du feedback sur votre manière de refuser.

Demander du feedback sur votre manière de dire "non" est un excellent moyen d'améliorer votre communication tout en renforçant vos relations personnelles et professionnelles. Cela vous aide à mieux comprendre comment vos refus sont perçus, à identifier ce qui fonctionne bien et à ajuster ce qui pourrait être amélioré.

Pourquoi demander du feedback sur votre manière de refuser ?

1. Améliorer votre assertivité : Vous apprenez à exprimer vos refus de manière plus claire et respectueuse.

2. Gérer les perceptions : Vous identifiez si vos refus sont perçus comme trop brusques, vagues ou trop souvent justifiés.

3. Renforcer vos relations : Vous montrez que vous vous souciez de l'impact de vos décisions sur les autres.

4. Développer votre confiance : Un retour positif peut renforcer votre assurance lorsque vous posez des limites.

Comment demander du feedback sur vos refus ?

1. Choisissez une personne de confiance

Privilégiez quelqu'un avec qui vous avez une relation respectueuse et ouverte.

Cela peut être un collègue, un manager, un ami ou un membre de votre famille.

2. Posez des questions spécifiques

Évitez les questions vagues comme "Ai-je bien fait ?" et préférez des formulations précises :

"Comment as-tu perçu mon refus lors de cette situation ?"
"Penses-tu que ma manière de dire 'non' était claire et respectueuse ?"

"Y a-t-il un aspect de ma communication que je pourrais améliorer ?"

3. Restez ouvert(e) au feedback

Accueillez les remarques sans vous défendre ou vous justifier immédiatement.

"Merci pour ton retour, je vais y réfléchir."

"C'est intéressant, je n'avais pas réalisé cet impact."

4. Demandez des suggestions concrètes

Si le retour est négatif ou vague, invitez la personne à vous prodiguer des conseils pratiques.

"Comment pourrais-je m'exprimer de manière plus claire ?"

"Que puis-je faire pour que mon refus soit mieux compris ?"

5. Remerciez la personne

Qu'il soit positif ou critique, le feedback est un cadeau.

"Merci d'avoir pris le temps de me donner ton avis."

Exemples de feedback à demander

1. Dans un contexte professionnel

"Comment trouves-tu ma manière de dire 'non' quand je ne peux pas prendre une tâche supplémentaire ?"

"Mon refus semblait-il justifié ou trop brusque selon toi ?"

2. Dans un contexte personnel

"Quand j'ai dit que je ne pouvais pas venir à ta fête, est-ce que ma manière de refuser t'a semblé claire et respectueuse ?"

"As-tu eu l'impression que je manquais de considération lorsque j'ai refusé ?"

Conseils pour tirer le meilleur parti du feedback

1. Restez curieux(se) : Considérez le feedback comme une opportunité d'apprentissage, pas comme une critique personnelle.

2. Évitez de vous justifier : Si une critique vous surprend, prenez le temps de réfléchir avant de répondre.

3. Mettez en pratique les suggestions : Essayez les recommandations reçues dans vos prochains refus.

4. Demandez régulièrement : Le feedback ponctuel est utile, mais une demande régulière vous aide à affiner votre approche au fil du temps.

Exemples de phrases pour introduire votre demande de feedback

"J'essaie d'améliorer ma manière de poser des limites. Pourrais-tu me dire comment tu as perçu mon refus dans cette situation ?"

"Je voudrais m'assurer que mes refus ne créent pas de malentendus. Penses-tu que j'ai bien exprimé mes limites ?"

"Y a-t-il quelque chose dans ma manière de refuser que tu trouves particulièrement bien ou que je pourrais améliorer ?"

Avantages à long terme

1. Communication plus fluide : Vos refus sont mieux compris et acceptés.

2. Relations renforcées : Les autres apprécient votre volonté d'amélioration.

3. Confiance accrue : Vous devenez plus sûr(e) de votre manière de poser des limites.

4. Alignement personnel : Vous exprimez vos besoins tout en respectant les autres.

Conclusion

Demander du feedback sur votre manière de refuser est un moyen puissant de progresser dans votre communication et d'établir des limites respectueuses. Cela montre que vous êtes engagé(e) dans une démarche d'amélioration et que vous tenez à maintenir des relations positives. Rappelez-vous : un "non" bien exprimé renforce vos liens autant que vos "oui".

V.5. Expliquer pourquoi apprendre à dire "non" est important pour vous.

Apprendre à dire "non" est une compétence essentielle pour préserver votre bien-être, gérer vos priorités et entretenir des relations saines. Expliquer pourquoi c'est important pour vous peut non seulement clarifier vos motivations personnelles, mais aussi encourager les autres à comprendre et respecter vos limites.

Pourquoi est-il important d'apprendre à dire "non" ?

1. Protéger votre bien-être

Dire "non" vous permet de :

Éviter la surcharge mentale et physique.

Préserver votre énergie pour ce qui compte vraiment.

Réduire le stress causé par des engagements excessifs.

2. Gérer efficacement votre temps

En refusant les tâches ou demandes non prioritaires, vous pouvez consacrer votre temps aux activités alignées avec vos objectifs personnels ou professionnels.

3. Renforcer votre estime de soi

Dire "non" montre que vous valorisez vos besoins et vos priorités.

Cela renforce votre confiance en vos décisions.

4. Maintenir des relations saines

Dire "non" de manière respectueuse établit des limites claires.

Cela évite les ressentiments causés par des "oui" forcés ou non sincères.

5. Aligner vos actions avec vos valeurs

En refusant ce qui ne correspond pas à vos objectifs ou convictions, vous vivez de manière plus authentique.

Comment expliquer pourquoi apprendre à dire "non" est important pour vous ?

1. Soyez honnête et clair(e)

Exprimez vos motivations personnelles sans culpabilité :

"J'ai besoin d'apprendre à dire 'non' pour mieux gérer mon énergie et mon temps."

2. Mentionnez vos objectifs

Reliez votre volonté de dire "non" à vos priorités :

"Je veux consacrer plus de temps à ma famille et à mes projets personnels, donc je dois poser des limites claires."

3. Faites appel à vos valeurs

Expliquez comment dire "non" reflète ce qui est important pour vous :

"Je veux être honnête et aligné(e) avec mes valeurs, et cela implique de refuser ce qui ne me convient pas."

4. Mettez en avant les bénéfices

Soulignez les avantages pour vous et votre entourage :

"En apprenant à dire 'non', je peux mieux respecter mes engagements et être plus présent(e) dans les moments importants."

Exemple de réponse

Dans un contexte personnel :
"J'apprends à dire 'non' parce que j'ai souvent eu tendance à accepter trop de choses, ce qui me laisse peu de temps pour moi-même. J'ai réalisé que pour être en bonne santé et plus disponible pour ceux que j'aime, je dois mieux gérer mes priorités."

Dans un contexte professionnel :
"Apprendre à dire 'non' est important pour moi, car cela me permet de me concentrer sur mes tâches prioritaires. En posant des limites, je peux fournir un travail de meilleure qualité tout en respectant mes engagements."

Conseils pour expliquer votre démarche

1. Restez assertif (Ve) : Exprimez vos besoins sans vous excuser ou vous justifier excessivement.

2. Utilisez un ton positif : Présentez votre apprentissage comme une démarche de croissance personnelle.

3. Adaptez votre message à votre interlocuteur : Insistez sur les bénéfices pour eux (ex. : plus d'attention, meilleure qualité de travail).

4. Soyez cohérent(e) : Montrez que votre volonté de dire "non" reflète une véritable intention de respecter vos priorités.

Les bénéfices à long terme de dire "non"

1. Plus de temps pour ce qui compte vraiment : Vos passions, vos proches et vos objectifs personnels.

2. Moins de stress : Vous vous engagez uniquement dans ce que vous pouvez gérer.

3. Relations plus saines : Vos proches et collègues comprennent et respectent vos limites.

4. Meilleure qualité de vie : Vous vivez aligné(e) avec vos valeurs et vos priorités.

Conclusion

Expliquer pourquoi apprendre à dire "non" est important pour vous aide non seulement à clarifier vos propres motivations, mais aussi à faire comprendre aux autres que poser des limites est un acte de respect pour soi-même et pour eux. Rappelez-vous : chaque "non" réfléchi est une opportunité de dire "oui" à ce qui compte vraiment dans votre vie.

VI. Exercices sur le plan professionnel

VI.1. Refuser une tâche supplémentaire non prioritaire.

Refuser une tâche supplémentaire non prioritaire est essentiel pour gérer efficacement votre temps et vos ressources. Cela montre que vous êtes concentré(e) sur vos objectifs principaux, tout en restant respectueux(se) et professionnel(le) dans votre communication. Dire "non" de manière claire mais bienveillante est une compétence cruciale dans le cadre professionnel.

Pourquoi refuser une tâche non prioritaire ?

1. Protéger votre productivité : Vous évitez de surcharger votre emploi du temps avec des tâches qui ne contribuent pas directement à vos objectifs.

2. Préserver la qualité de votre travail : En évitant la dispersion, vous pouvez consacrer plus d'énergie aux tâches importantes.

3. Renforcer votre assertivité : Vous montrez que vous savez poser des limites de manière professionnelle.

4. Encourager la clarté des priorités : Vous poussez les autres à mieux structurer leurs demandes et leurs attentes

Comment refuser une tâche supplémentaire non prioritaire

1. Analysez la demande

Posez-vous ces questions :

Cette tâche est-elle essentielle à mes objectifs actuels ?

Qui est réellement responsable de cette tâche ?

Si je l'accepte, quel impact cela aura-t-il sur mes priorités existantes ?

2. Soyez clair(e) et direct(e)

Exprimez votre refus de manière polie mais ferme :

"Je ne peux pas m'occuper de cette tâche pour le moment."

"Cette tâche ne fait pas partie de mes priorités actuelles."

3. Expliquez brièvement vos priorités

Vous n'avez pas besoin de vous justifier longuement, mais mentionner vos engagements actuels peut aider l'autre personne à comprendre.

"Je suis actuellement concentré(e) sur un projet prioritaire qui nécessite toute mon attention."

4. Proposez une alternative (si possible)

Offrez une solution ou un soutien partiel si cela est réaliste :

"Je ne peux pas prendre cela en charge, mais peut-être que [nom d'un collègue] pourrait vous aider."

"Je peux vous conseiller sur la manière de le gérer, mais je ne peux pas m'en occuper directement."

5. Restez respectueux(se) et professionnel(le)

Utilisez un ton calme et positif pour éviter tout malentendu.

Exemples de réponses adaptées

1. Dans un contexte professionnel formel

"Merci pour votre demande, mais je ne peux pas prendre cette tâche en charge pour le moment, car je suis déjà engagé(e) sur des priorités clés. Je vous recommande de voir avec [nom du collègue] qui pourrait être disponible."

2. Face à un collègue insistant

"Je comprends que cette tâche est importante, mais je dois respecter mes priorités actuelles. Je peux vous aider à définir une solution alternative, mais je ne peux pas m'engager directement."

3. Lors d'une surcharge de travail

"Je suis désolé(e), mais je suis déjà à pleine capacité avec mes tâches actuelles. Si cela peut attendre, je serai ravi(e) d'y contribuer plus tard."

Conseils pour bien refuser

1. Soyez honnête : Mentionnez vos priorités sans exagérer ni inventer d'excuses.

2. Restez professionnel(le) : Maintenez un ton respectueux et évitez de critiquer la demande ou la personne.

3. Offrez des alternatives réalistes : Si vous le pouvez, orientez la personne vers d'autres solutions.

4. Évitez de céder sous la pression : Si la personne insiste, répétez calmement votre position.

Avantages de refuser une tâche non prioritaire

1. Concentration accrue : Vous vous concentrez sur ce qui compte vraiment.

2. Réduction du stress : Vous évitez de surcharger votre emploi du temps.

3. Respect de vos limites : Vous montrez que vous valorisez votre temps et votre énergie.

4. Encouragement de meilleures pratiques : Vous aidez les autres à mieux prioriser leurs demandes.

Conclusion

Refuser une tâche supplémentaire non prioritaire est un acte de professionnalisme et de gestion efficace de votre temps. En expliquant vos priorités avec respect et en proposant des alternatives lorsque cela est possible, vous préservez votre productivité tout en maintenant de bonnes relations avec vos collègues. Rappelez-vous : chaque "non" bien placé est un "oui" à vos priorités.

VI.2. Proposer une alternative lorsqu'on vous demande quelque chose.

Proposer une alternative est une manière respectueuse et constructive de refuser une demande tout en montrant que vous êtes prêt(e) à aider d'une autre manière. Cela vous permet de poser vos limites sans laisser l'autre personne dans une impasse, ce qui favorise des relations positives et une communication efficace.

Pourquoi proposer une alternative ?

1. Maintenir la relation : Vous refusez poliment tout en offrant une solution.

2. Montrer votre bonne volonté : Cela démontre que vous êtes engagé(e) à contribuer, mais dans les limites de vos capacités.

3. Protéger vos priorités : Vous aidez sans compromettre vos besoins ou engagements.

4. Encourager la collaboration : Une alternative peut mener à une meilleure solution pour les deux parties.

Comment proposer une alternative ?

1. Commencez par reconnaître la demande

Montrez que vous comprenez et appréciez la sollicitation.

"Merci de penser à moi pour cela."

"Je comprends que cela est important pour toi."

2. Expliquez pourquoi vous ne pouvez pas répondre favorablement

Soyez honnête et clair(e) sans donner trop de détails personnels.

"Malheureusement, je ne peux pas m'en occuper pour le moment."

"Je suis déjà engagé(e) dans d'autres priorités."

3. Proposez une alternative concrète

Offrez une autre manière de contribuer, dans la mesure de vos capacités.

"Je ne peux pas prendre en charge tout le projet, mais je peux vous aider à définir les étapes principales."

"Je ne peux pas assister à la réunion, mais je peux lire le compte rendu et partager mes commentaires."

4. Restez ouvert(e) au dialogue

Invitez la personne à discuter de l'alternative pour trouver une solution qui convienne à tous.

"Est-ce que cela pourrait fonctionner pour vous ?"

"Si cela ne convient pas, nous pourrions envisager une autre option."

Exemples concrets

1. Contexte professionnel

Demande : "Peux-tu prendre en charge ce projet ?"

Réponse :

"Je ne peux pas gérer ce projet en entier, mais je peux vous aider à planifier les premières étapes ou à trouver quelqu'un d'autre pour s'en charger."

2. Contexte social

Demande : "Viens à cette fête samedi soir !"

Réponse :

"Je ne peux pas venir samedi soir, mais nous pourrions nous retrouver pour un café la semaine prochaine."

3. Contexte personnel

Demande : "Peux-tu m'aider à déménager tout le week-end ?"

Réponse :

"Je ne peux pas être disponible tout le week-end, mais je peux venir samedi matin pour aider avec les cartons."

Conseils pour proposer des alternatives efficaces

1. Soyez réaliste : Proposez une alternative que vous pouvez réellement assumer.

2. Restez respectueux(se) : Adoptez un ton bienveillant pour montrer que votre refus n'est pas un rejet personnel.

3. Soyez clair(e) : Expliquez pourquoi vous ne pouvez pas répondre entièrement à la demande.

4. Proposez une solution concrète : Une alternative vague peut être frustrante ; soyez précis(e) dans ce que vous offrez.

Avantages de cette approche

1. Préservation de vos limites : Vous aidez sans compromettre vos propres priorités ou engagements.

2. Renforcement des relations : Vous montrez que vous êtes disposé(e) à contribuer, même si ce n'est pas de la manière initialement demandée.

3. Encouragement à la créativité : Proposer une alternative peut mener à une solution meilleure et plus adaptée.

4. Réduction de la culpabilité : Vous dites "non" tout en offrant une option constructive.

Conclusion

Proposer une alternative lorsqu'on vous demande quelque chose est une approche respectueuse et assertive pour poser vos limites. En offrant une solution adaptée à vos capacités, vous montrez que vous êtes à l'écoute tout en protégeant vos propres priorités. Rappelez-vous : un refus constructif est souvent mieux reçu qu'un simple "non".

VI.3. Dire "non" en expliquant vos priorités actuelles.

Dire "non" tout en expliquant vos priorités est une manière assertive et respectueuse de refuser une demande. Cela montre que votre refus n'est pas un rejet de la personne, mais une nécessité pour rester aligné(e) avec vos engagements et vos objectifs.

Pourquoi utiliser cette approche ?

1. Clarté : Vous expliquez la raison de votre refus, ce qui réduit les malentendus.

2. Respect : Vous montrez que vous prenez en compte la demande, même si vous ne pouvez pas y répondre favorablement.

3. Assertivité : Vous posez vos limites tout en affirmant vos priorités.

4. Maintien des relations : Cette approche démontre que votre refus n'est pas personnel, mais lié à vos contraintes.

Comment dire "non" en expliquant vos priorités ?

1. Reconnaissez la demande

Montrez que vous avez entendu et compris la demande.

"Merci de penser à moi pour cela."

"Je comprends que cette tâche est importante."

2. Exprimez votre refus avec assurance

Expliquez simplement que vous ne pouvez pas répondre favorablement.

"Je ne peux pas m'engager, car j'ai d'autres priorités en ce moment."

3. Mentionnez vos priorités sans trop de détails

Partagez brièvement vos priorités pour justifier votre décision.

"Je suis déjà concentré(e) sur un projet important qui nécessite toute mon attention."

"Actuellement, je consacre mon temps à ma famille et à des engagements déjà planifiés."

4. Proposez une alternative (si possible)

Si vous êtes ouvert(e) à aider plus tard ou d'une autre manière, précisez-le.

"Peut-être qu'on peut en discuter de nouveau la semaine prochaine."

"Je peux vous suggérer une autre personne pour vous aider."

Exemples concrets

1. Contexte professionnel

Demande : "Peux-tu prendre en charge cette tâche urgente ?"

Réponse :

"Merci pour la proposition. Je ne peux pas m'en charger en ce moment, car je suis déjà engagé(e) sur un projet prioritaire. Peut-être pouvons-nous voir si quelqu'un d'autre est disponible ?"

2. Contexte social

Demande : "Viens à cette fête samedi soir !"

Réponse :

"Merci pour l'invitation, mais je vais devoir décliner. J'ai besoin de temps pour me reposer après une semaine bien remplie. Une prochaine fois avec plaisir !"

3. Contexte personnel

Demande : "Peux-tu m'aider à déménager ce week-end ?"

Réponse :

"Je comprends que tu as besoin d'aide, mais je ne peux pas m'engager ce week-end. Je dois me concentrer sur des priorités familiales. Peut-être que je pourrai t'aider à organiser quelque chose pour un autre jour."

Conseils pour bien utiliser cette approche

1. Soyez honnête : Mentionnez vos priorités sans inventer d'excuses.

2. Restez bref (Ve) : Pas besoin de détailler tous vos engagements ; un simple résumé suffit.

3. Utilisez un ton bienveillant : Cela montre que votre refus est lié à vos contraintes, et non à un manque d'intérêt.

4. Proposez une solution alternative : Si possible, trouvez un compromis ou une autre manière d'aider.

Avantages de cette approche

1. Réduction de la culpabilité : Vous refusez de manière justifiée et respectueuse.

2. Meilleure compréhension : Les autres respectent davantage vos limites quand elles sont expliquées clairement.

3. Soutien à vos objectifs : Vous restez aligné(e) avec vos priorités sans vous disperser.

4. Relations positives : Votre refus est perçu comme réfléchi et non comme un rejet personnel.

Conclusion

Dire "non" en expliquant vos priorités actuelles est une méthode puissante pour refuser sans compromettre vos relations. Cette approche vous permet de rester aligné(e) avec vos engagements tout en communiquant votre respect pour l'autre personne. Rappelez-vous : poser vos limites, c'est respecter à la fois votre temps et celui des autres.

VI.4. Négocier un compromis au lieu de tout accepter.

Apprendre à négocier un compromis est une compétence essentielle pour préserver vos limites tout en restant collaboratif (Ve). Cela vous permet de répondre partiellement à une demande sans vous surcharger ou compromettre vos priorités. Cette approche montre que vous êtes flexible, tout en affirmant vos besoins.

Pourquoi négocier un compromis ?

1. Préserver vos limites : Vous évitez de tout accepter et de vous épuiser.

2. Renforcer les relations : Vous montrez de la considération pour la demande tout en exprimant vos besoins.

3. Gérer efficacement votre temps : Vous offrez une solution réaliste adaptée à vos capacités.

4. Favoriser la collaboration : Vous trouvez une solution qui satisfait les deux parties.

Étapes pour négocier un compromis

1. Écoutez la demande

Prenez le temps de comprendre les attentes de l'autre personne.

Posez des questions si nécessaire pour clarifier les besoins spécifiques.

"Quel est l'objectif principal de cette demande ?"

2. Analysez votre capacité à répondre

Évaluez votre charge de travail, vos priorités et vos limites.

Déterminez ce que vous êtes prêt(e) à offrir.

"Je ne peux pas m'engager complètement, mais voici ce que je peux faire."

3. Proposez une alternative

Offrez une solution partielle ou une autre approche pour répondre à la demande.

Exemples :

"Je ne peux pas terminer tout le projet cette semaine, mais je peux vous fournir un aperçu ou un plan initial."

"Je ne peux pas rester toute la soirée, mais je peux venir pour une heure."

4. Communiquez clairement vos limites

Expliquez pourquoi vous ne pouvez pas répondre entièrement à la demande, sans entrer dans des justifications excessives.

"J'aimerais aider davantage, mais j'ai d'autres priorités qui nécessitent mon attention en ce moment."

5. Recherchez une solution commune

Engagez un dialogue pour trouver une option qui convienne aux deux parties.

"Est-ce que cette alternative fonctionnerait pour vous ?"

Exemples de négociation de compromis

1. Contexte professionnel

Demande : "Peux-tu prendre en charge ce projet supplémentaire ?"

Compromis :

"Je ne peux pas gérer tout le projet, mais je peux aider sur certaines tâches spécifiques si cela peut alléger votre charge."

2. Contexte personnel

Demande : "Peux-tu m'aider à déménager tout le week-end ?"

Compromis :

"Je ne peux pas être disponible tout le week-end, mais je peux venir samedi matin pour donner un coup de main."

3. Contexte social

Demande : "Viens à cette soirée toute la soirée !"

Compromis :

"Je ne peux pas rester longtemps, mais je passerai une heure pour dire bonjour."

Conseils pour négocier efficacement

1. Restez respectueux(se) : Montrez que vous considérez la demande, même si vous ne pouvez pas y répondre entièrement.

2. Soyez clair(e) sur vos limites : Expliquez ce que vous êtes capable de faire sans compromettre vos propres besoins.

3. Proposez des solutions concrètes : Offrez des alternatives spécifiques plutôt que de laisser l'autre chercher une solution.

4. Utilisez un ton collaboratif : Évitez d'être trop catégorique ou défensif (Ve).

Avantages de négocier un compromis

1. Meilleure gestion du temps : Vous répondez partiellement à une demande sans sacrifier vos priorités.

2. Réduction du stress : Vous évitez de vous surcharger en acceptant tout.

3. Renforcement de l'assertivité : Vous apprenez à poser vos limites tout en restant flexible.

4. Relations renforcées : Les compromis favorisent la compréhension et la collaboration.

Conclusion

Négocier un compromis au lieu de tout accepter est une manière respectueuse et efficace de gérer vos priorités tout en maintenant des relations positives. Cela montre que vous êtes attentif (Ve) aux besoins des autres, tout en respectant vos propres limites. Rappelez-vous : un bon compromis respecte les deux parties.

VI.5. Refuser une réunion inutile ou mal planifiée.

Refuser une réunion inutile ou mal planifiée est une compétence essentielle pour gérer efficacement votre temps et vos priorités. Une réunion mal ciblée ou sans objectif clair peut rapidement devenir une perte de temps. En apprenant à refuser de manière respectueuse et assertive, vous démontrez votre professionnalisme tout en préservant votre productivité.

Pourquoi refuser une réunion inutile ?

1. Gagner du temps : Vous vous concentrez sur des tâches qui apportent plus de valeur.

2. Améliorer votre productivité : Moins de distractions vous permettent de mieux gérer vos priorités.

3. Encourager de meilleures pratiques : En refusant, vous poussez les organisateurs à mieux structurer leurs réunions.

4. Préserver votre énergie : Moins de réunions inutiles signifient moins de fatigue mentale.

Comment refuser une réunion inutile ou mal planifiée

1. Évaluez la pertinence de la réunion

Posez-vous ces questions :

Y a-t-il un ordre du jour clair ?

Votre présence est-elle vraiment nécessaire ?

La réunion apporte-t-elle une valeur ajoutée à vos responsabilités ?

Si la réponse à ces questions est non, envisagez de refuser.

2. Refusez avec respect et clarté

Utilisez une formulation professionnelle qui reconnaît l'effort de l'organisateur tout en expliquant votre indisponibilité.

Exemple 1 :

"Merci pour l'invitation, mais je ne pense pas que ma présence soit indispensable à cette réunion. Je suis disponible pour un résumé ou des points spécifiques si nécessaire."

Exemple 2 :

"Je suis très pris(e) par d'autres priorités actuellement. Je préfère recevoir un compte rendu après la réunion."

3. Proposez une alternative

Si vous souhaitez contribuer tout en évitant la réunion, proposez une autre méthode d'échange.

Exemples :

"Peut-être que nous pourrions traiter ce point par courriel ou via un document partagé."

"Je suis disponible pour une discussion rapide en tête-à-tête si nécessaire."

Exemples de phrases pour refuser une réunion

1. Absence de pertinence

"Merci pour l'invitation, mais je ne vois pas en quoi ma présence est nécessaire. Je suis à disposition pour contribuer autrement si besoin."

2. Manque de préparation

"Je préfère attendre un ordre du jour clair avant de participer. Cela permettra d'avoir une réunion plus productive."

3. Problème de disponibilité

"Je ne peux pas participer à cette réunion en raison de mes priorités actuelles. Je suis disponible pour échanger brièvement si nécessaire."

4. Proposer une alternative

"Je pense que ce sujet peut être traité plus efficacement par un document ou une discussion informelle. Je suis à disposition pour contribuer de cette manière."

Conseils pour refuser une réunion avec assurance

1. Soyez respectueux(se) : Reconnaissez l'effort de l'organisateur, même si la réunion est mal planifiée.

2. Restez ferme : Si on insiste, reformulez votre indisponibilité de manière polie mais ferme.

3. Privilégiez des alternatives : Proposez des options plus efficaces, comme un échange par courriel ou un résumé.

4. Évaluez l'impact : Si la réunion est vraiment importante, proposez de déléguer votre présence à quelqu'un d'autre.

Avantages de refuser une réunion inutile

1. Plus de temps pour vos priorités : Vous évitez des pertes de temps inutiles.

2. Meilleure productivité : Vous travaillez sur des tâches plus stratégiques et pertinentes.

3. Réduction du stress : Moins de réunions signifie moins de surcharge mentale.

4. Encouragement des bonnes pratiques : Vous poussez votre équipe à structurer des réunions plus efficaces.

Conclusion

Refuser une réunion inutile ou mal planifiée est un acte de professionnalisme et de gestion efficace du temps. En le faisant avec respect et clarté, vous préservez vos priorités tout en encourageant de meilleures pratiques de collaboration. Rappelez-vous : chaque minute que vous ne passez pas dans une réunion inutile est une minute de plus pour produire de la valeur.

VII. Exercices de reformulation

VII.1. Remplacer "non" par "je préfère ne pas".

Utiliser "je préfère ne pas" à la place de "non" est une manière plus douce et subtile de refuser une demande ou une invitation. Cette formulation met en avant votre préférence personnelle tout en évitant de paraître abrupt ou trop catégorique. Elle est particulièrement utile dans des contextes où vous souhaitez préserver une relation ou éviter un conflit.

Pourquoi utiliser "je préfère ne pas" ?

1. Tonalité positive : La phrase évite la dureté d'un simple "non".

2. Respect de soi : Vous exprimez une décision personnelle, ce qui est assertif sans être agressif.

3. Flexibilité : Elle peut être adaptée à diverses situations, qu'elles soient professionnelles ou personnelles.

4. Empathie : Cette expression est souvent mieux perçue, car elle laisse entendre que votre refus n'est pas une critique de la demande.

Quand utiliser cette phrase ?

Dans un contexte professionnel :
Pour refuser une tâche ou une proposition.

Exemple : "Je préfère ne pas m'engager sur ce projet pour le moment, car j'ai d'autres priorités."

Dans un contexte social :
Pour décliner une sortie ou une activité.

Exemple : "Je préfère ne pas sortir ce soir, mais merci de m'avoir invité(e)."

Dans un contexte personnel :
Pour poser des limites ou refuser une demande d'aide.

Exemple : "Je préfère ne pas prêter d'argent pour éviter tout malentendu."

Comment utiliser cette phrase efficacement ?

1. Commencez par reconnaître la demande

Montrez que vous avez entendu et compris la proposition.

"Merci pour votre proposition."

"C'est gentil de penser à moi."

2. Introduisez votre préférence

Utilisez "je préfère ne pas" pour exprimer votre refus de manière douce mais claire.

"Je préfère ne pas m'impliquer dans ce projet pour le moment."

3. Ajoutez une alternative ou une explication simple (si nécessaire)

Si la situation le permet, proposez une autre option ou donnez une raison succincte.

"Je préfère ne pas accepter cette tâche, mais je peux vous aider à trouver quelqu'un d'autre."

Exemples de réponses adaptées

1. Refuser une tâche professionnelle supplémentaire

"Je préfère ne pas m'engager sur cette tâche en ce moment, car je suis déjà concentré(e) sur un autre projet."

2. Décliner une invitation sociale

"Je préfère ne pas sortir ce week-end, mais j'espère que vous passerez un bon moment."

3. Dire non à une demande personnelle

"Je préfère ne pas m'impliquer dans ce type de décision, mais je suis sûr(e) que tu trouveras une bonne solution."

Conseils pour bien utiliser cette phrase

1. Restez sincère : Soyez honnête dans votre réponse, même si elle est polie et adoucie.

2. Adaptez le ton : Assurez-vous que votre intonation reflète votre bienveillance et votre fermeté.

3. Évitez les justifications excessives : Cette phrase est suffisamment claire pour ne pas nécessiter de longues explications.

4. Répétez si nécessaire : Si quelqu'un insiste, reformulez simplement :

"Je comprends, mais je préfère vraiment ne pas m'engager pour l'instant."

Avantages de cette approche

1. Respect mutuel : Vous refusez sans blesser ou offenser l'autre personne.

2. Facilité d'acceptation : La formulation douce est souvent mieux reçue qu'un simple "non".

3. Renforcement de votre assertivité : Vous exprimez vos préférences personnelles avec clarté et assurance.

4. Polyvalence : Elle s'adapte à de nombreuses situations et relations.

Conclusion

Remplacer "non" par "je préfère ne pas" est une manière élégante et assertive de poser vos limites tout en maintenant des relations positives. Cette phrase respecte vos besoins et vos priorités, tout en évitant de heurter les sentiments de l'autre. Rappelez-vous : dire "je préfère ne pas" est une manière de dire "oui" à vous-même.

VII.2. Utiliser "ce n'est pas possible pour moi actuellement".

La phrase "Ce n'est pas possible pour moi actuellement" est une manière claire, respectueuse et professionnelle de refuser une demande ou une proposition. Elle met en avant votre situation sans entrer dans des détails personnels ou inutiles, tout en laissant une porte ouverte à de futures opportunités si vous le souhaitez.

Pourquoi utiliser cette phrase ?

1. Clarté : Vous exprimez un refus sans ambiguïté.

2. Neutralité : Elle ne critique pas la demande ni ne rejette la personne.

3. Politesse : La formulation est respectueuse et bienveillante.

4. Flexibilité : Elle indique une indisponibilité temporaire, pas nécessairement définitive.

Quand utiliser cette phrase ?

Dans un contexte professionnel :
Pour refuser une tâche, un projet ou une réunion.

Exemple : "Merci pour votre proposition, mais ce n'est pas possible pour moi actuellement."

Dans un contexte social :
Pour décliner une invitation ou une activité entre amis.

Exemple : "C'est gentil de penser à moi, mais ce n'est pas possible pour moi actuellement."

Dans un contexte personnel :
Pour refuser une demande d'aide ou un service.

Exemple : "Je comprends ton besoin, mais ce n'est pas possible pour moi actuellement."

Comment utiliser cette phrase efficacement ?

1. Commencez par montrer de l'attention

Reconnaissez la demande pour montrer que vous y avez prêté attention.

"Merci de penser à moi."

"Je comprends que c'est important pour toi."

2. Introduisez votre refus avec la phrase

"Ce n'est pas possible pour moi actuellement."

Ajoutez un ton calme et respectueux pour renforcer votre message.

3. Si nécessaire, proposez une alternative

Si vous êtes intéressé(e) pour participer ou aider plus tard, précisez-le.

"Peut-être qu'une autre fois, ce sera possible."

"Je peux te suggérer quelqu'un d'autre qui pourrait t'aider."

Exemples de réponses adaptées

1. Refuser une tâche supplémentaire au travail

"Merci pour votre confiance, mais ce n'est pas possible pour moi actuellement en raison de mes autres engagements."

2. Décliner une invitation à une soirée

"C'est gentil de penser à moi, mais ce n'est pas possible pour moi actuellement. J'espère que vous passerez une bonne soirée."

3. Dire non à une demande personnelle

"Je comprends ton besoin, mais ce n'est pas possible pour moi actuellement. Peut-être qu'on peut en discuter une autre fois."

Conseils pour bien utiliser cette phrase

1. Soyez sincère : Si vous savez que ce ne sera jamais possible, adaptez la phrase pour ne pas créer de fausses attentes.

"Ce n'est pas possible pour moi, mais merci de me le proposer."

2. Restez ferme : Si on insiste, répétez calmement la phrase :

"Je comprends, mais ce n'est vraiment pas possible pour moi actuellement."

3. Adoptez un ton professionnel ou amical selon le contexte :

Professionnel : Soyez concis et direct.

Personnel : Ajoutez une touche de chaleur ou d'empathie.

Avantages de cette phrase

1. Respect mutuel : Vous posez vos limites tout en respectant l'autre.

2. Clarté et simplicité : Pas besoin d'entrer dans des détails personnels ou des justifications excessives.

3. Flexibilité : Vous pouvez l'utiliser dans des contextes variés.

4. Renforcement de votre assertivité : Vous apprenez à dire "non" sans culpabilité ni agressivité.

Conclusion

La phrase "Ce n'est pas possible pour moi actuellement" est un outil efficace pour refuser une demande de manière respectueuse et professionnelle. Elle vous permet de poser vos limites tout en maintenant des relations positives. Rappelez-vous : dire "non" à une demande, c'est souvent dire "oui" à vos priorités.

VII.3. Essayer "je ne peux pas, mais peut-être une autre fois".

La phrase "Je ne peux pas, mais peut-être une autre fois" est une manière respectueuse et ouverte de refuser une demande ou une invitation. Elle exprime votre indisponibilité tout en maintenant une porte ouverte pour des opportunités futures, ce qui est particulièrement utile pour préserver des relations positives.

Pourquoi utiliser cette phrase ?

1. Refus clair : Vous exprimez votre indisponibilité sans ambiguïté.

2. Respect : Vous montrez de la considération pour la personne en proposant une alternative future.

3. Simplicité : Elle ne nécessite pas de justification complexe, ce qui réduit la culpabilité.

4. Maintien de la relation : Vous assurez que votre refus n'est pas définitif ou personnel.

Quand utiliser cette phrase ?

Invitations sociales :
Pour refuser une fête, un dîner ou une sortie.

Exemple : "Je ne peux pas venir ce soir, mais peut-être une autre fois !"

Propositions de projets ou activités :
Pour décliner une opportunité tout en laissant la porte ouverte.

Exemple : "Je ne peux pas m'engager sur ce projet maintenant, mais peut-être une autre fois si les conditions s'y prêtent."

Demandes personnelles :
Pour refuser un service ou une aide momentanément.

Exemple : "Je ne peux pas t'aider aujourd'hui, mais peut-être une autre fois."

Comment utiliser cette phrase efficacement ?

1. Commencez par un refus poli

Soyez clair(e) sur votre incapacité à répondre favorablement :

"Je ne peux pas cette fois."

"Je suis désolé(e), je ne suis pas disponible pour ça."

2. Ajoutez une ouverture pour l'avenir

Exprimez votre volonté de considérer la demande ou l'invitation une autre fois :

"Mais peut-être une autre fois !"

"On peut se rattraper plus tard ?"

3. Restez sincère

Si vous n'êtes pas certain(e) de vouloir accepter à l'avenir, adaptez la phrase :

"Je ne peux pas maintenant, mais je te tiendrai au courant si cela devient possible."

Exemples de réponses adaptées

1. Refuser une invitation sociale

"Je ne peux pas venir à ta fête ce week-end, mais peut-être une autre fois !"

2. Dire non à un projet professionnel

"Je ne peux pas prendre cette tâche en charge pour le moment, mais peut-être à l'avenir si ma charge de travail diminue."

3. Décliner une demande personnelle

"Je ne peux pas t'aider à déménager cette fois-ci, mais je serai ravi(e) de te donner un coup de main une autre fois."

Conseils pour bien utiliser cette phrase

1. Soyez honnête : Si vous n'êtes pas sûr(e) de vouloir participer à l'avenir, ne donnez pas de faux espoirs.

"Je ne peux pas cette fois, et je ne suis pas certain(e) que cela convienne une autre fois non plus."

2. Accompagnez d'un ton chaleureux : Adoptez un langage non verbal positif (sourire, ton amical) pour atténuer le refus.

3. Proposez une alternative concrète (si possible) : Si vous êtes réellement intéressé(e), suggérez un moment ou une manière de reprogrammer.

"Je ne peux pas cette semaine, mais je serais disponible le mois prochain."

Avantages de cette approche

1. Clarté et respect : Vous refusez tout en restant poli(e) et accessible.

2. Préservation des relations : Vous montrez que vous êtes toujours intéressé(e) à maintenir le lien.

3. Réduction de la pression : En proposant une alternative future, vous diminuez la culpabilité de votre refus.

4. Flexibilité : Vous adaptez votre réponse en fonction de votre intérêt pour une opportunité future.

Conclusion

Essayer "Je ne peux pas, mais peut-être une autre fois" est une manière efficace et bienveillante de refuser une demande tout en gardant une ouverture pour l'avenir. En utilisant cette phrase avec sincérité et respect, vous affirmez vos limites sans nuire à vos relations. Rappelez-vous : dire "non" maintenant n'exclut pas un "oui" futur.

VII.4. Dire "merci pour l'invitation, mais je vais passer mon tour".

Utiliser une phrase comme "Merci pour l'invitation, mais je vais passer mon tour" est une façon respectueuse, simple et directe de décliner une proposition. Elle permet de refuser tout en maintenant une relation positive, en particulier dans des contextes sociaux ou amicaux.

Pourquoi utiliser cette phrase ?

1. Respect et courtoisie : Vous reconnaissez l'effort ou l'attention de la personne qui vous invite.

2. Clarté : Vous exprimez votre refus sans ambiguïté.

3. Simplicité : Vous n'entrez pas dans des explications inutiles ou des justifications superflues.

4. Neutralité : Elle ne laisse pas de place à des interprétations négatives ou des débats.

Quand utiliser cette phrase ?

Invitations sociales :
Pour décliner une fête, un dîner ou une sortie.

Exemple : "Merci pour l'invitation, mais je vais passer mon tour cette fois-ci. J'espère que vous passerez une super soirée !"

Activités en groupe :
Pour éviter une activité qui ne vous intéresse pas ou pour laquelle vous n'avez pas le temps.
Exemple : "C'est gentil de penser à moi, mais je vais passer mon tour pour cette sortie."

Propositions informelles :
Quand on vous propose un café, une collation ou une petite activité.

Exemple : "Merci, mais je vais passer mon tour aujourd'hui."

Comment utiliser cette phrase efficacement ?

1. Montrez de la gratitude

Commencez par remercier la personne pour sa proposition ou son invitation.

"Merci pour l'invitation."

"C'est vraiment gentil de penser à moi."

2. Énoncez votre refus avec assurance

Ajoutez "mais je vais passer mon tour" pour indiquer votre décision clairement.

3. Adoptez un ton amical et chaleureux

Cela permet de maintenir une relation positive, même si vous refusez.

Exemples de réponses adaptées

1. Refuser une fête ou une soirée

"Merci pour l'invitation, mais je vais passer mon tour cette fois-ci. Profitez bien de la soirée !"

2. Décliner une sortie entre amis

"C'est gentil de m'avoir invité(e), mais je vais passer mon tour pour aujourd'hui. Une prochaine fois avec plaisir !"

3. Dire non à une activité informelle

"Merci, mais je vais passer mon tour. Peut-être une autre fois !"

Conseils pour bien utiliser cette phrase

1. Restez ferme : Si la personne insiste, reformulez calmement :

"Merci encore, mais je préfère vraiment passer mon tour cette fois."

2. Soyez sincère : Si vous souhaitez participer une autre fois, ajoutez une note d'ouverture :

"Peut-être une prochaine fois, ça me fera plaisir !"

3. Adoptez un langage non verbal positif : Souriez ou utilisez un ton chaleureux pour adoucir votre refus.

Avantages de cette approche

1. Facilité d'acceptation : Votre refus est clair mais exprimé avec respect.

2. Moins de culpabilité : Vous refusez poliment sans donner de longues justifications.

3. Maintien des relations : Vous montrez de la considération pour l'invitation, même si vous la déclinez.

4. Confiance accrue : Vous affirmez vos choix avec assurance et simplicité.

Conclusion

Dire "Merci pour l'invitation, mais je vais passer mon tour" est une manière simple et respectueuse de poser vos limites dans des contextes sociaux ou informels. Cette phrase vous permet de décliner une proposition tout en maintenant des relations positives et en affirmant vos besoins. Rappelez-vous : refuser une invitation n'est pas un rejet, c'est un acte de respect envers vous-même.

VII.5. Employer "je préfère m'en tenir à mon plan initial".

Utiliser une phrase comme "Je préfère m'en tenir à mon plan initial" est une manière respectueuse et assertive de refuser une demande ou une proposition. Cette formulation est à la fois claire, polie et non négociable, tout en montrant que vous avez réfléchi à vos priorités

Pourquoi utiliser cette phrase ?

1. Clarté : Vous exprimez votre refus sans ambiguïté.

2. Respect : La phrase reste polie et ne rejette pas l'autre personne.

3. Fermeté : En mettant en avant un plan préétabli, vous renforcez la légitimité de votre refus.

4. Simplicité : Vous ne donnez pas d'explications excessives qui pourraient inviter à une insistance.

Quand utiliser cette phrase ?

Dans un contexte professionnel :
Pour refuser une tâche ou une demande qui déroge à vos priorités.
Exemple : "Je comprends que ce projet est important, mais je préfère m'en tenir à mon plan initial pour respecter les délais de mes tâches actuelles."

Dans un contexte social :
Pour décliner une invitation ou une activité sans culpabilité.

Exemple : "Merci pour l'invitation, mais je préfère m'en tenir à mon plan initial pour ce soir."

Dans un contexte personnel :
Pour poser vos limites avec des proches ou des amis.

Exemple : "Je comprends ton point de vue, mais je préfère m'en tenir à mon idée initiale pour cette décision."

Comment intégrer cette phrase dans vos refus

1. Reconnaissez la demande

Commencez par montrer que vous avez entendu la personne.

"Merci pour ta suggestion."

"Je comprends ton besoin."

2. Employez la phrase avec assurance

Introduisez votre refus avec "je préfère", ce qui met l'accent sur votre choix personnel.

"Je préfère m'en tenir à mon plan initial."

3. Maintenez une attitude ferme mais bienveillante

Utilisez un ton calme et une posture ouverte pour éviter de paraître sur la défensive.

Exemples de réponses adaptées

1. Refuser une tâche supplémentaire au travail

"Je comprends que cette tâche est importante, mais je préfère m'en tenir à mon plan initial pour respecter mes priorités actuelles."

2. Décliner une invitation sociale

"Merci pour l'invitation, mais je préfère m'en tenir à mon plan initial pour ce week-end."

3. Poser une limite face à une demande familiale

"Je vois pourquoi c'est important pour toi, mais je préfère m'en tenir à mon idée initiale concernant cette décision."

Conseils pour utiliser cette phrase efficacement

1. Soyez cohérent(e) : Assurez-vous que votre langage corporel (posture, regard) reflète votre fermeté.

2. Évitez les justifications inutiles : La phrase est déjà auto-suffisante, inutile de vous expliquer davantage.

3. Répétez si nécessaire : Si la personne insiste, reformulez calmement :

"Je comprends, mais je préfère vraiment suivre mon plan initial."

Avantages à long terme

1. Confiance renforcée : Vous apprenez à poser vos limites sans culpabilité ni hésitation.

2. Gestion du temps : Vous restez aligné(e) avec vos priorités et évitez de vous surcharger.

3. Respect mutuel : Les autres comprendront et respecteront mieux vos décisions.

4. Communication claire : Cette phrase prévient les malentendus et réduit les tensions.

Conclusion

Employer la phrase "Je préfère m'en tenir à mon plan initial" est une manière élégante et efficace de refuser une demande tout en respectant vos priorités. En l'intégrant dans vos interactions quotidiennes, vous développez une communication assertive et protégez vos besoins personnels et professionnels. Rappelez-vous : dire "non" est une manière de respecter votre temps et vos engagements.

VIII. Exercices de réflexion personnelle

VIII.1. Lister vos valeurs et besoins pour mieux justifier vos refus.

Prendre le temps d'identifier vos valeurs et besoins fondamentaux est une étape clé pour apprendre à dire "non" avec assurance et authenticité. Cela vous aide à comprendre ce qui est important pour vous et à utiliser ces principes comme fondement pour poser vos limites sans culpabilité.

Pourquoi lister vos valeurs et besoins ?

1. Clarifier vos priorités : Vous identifiez ce qui est essentiel dans votre vie.

2. Renforcer votre assertivité : Vos refus sont basés sur des principes solides et non sur des réactions impulsives.

3. Réduire la culpabilité : Vous comprenez que refuser une demande est aligné avec vos besoins personnels.

4. Améliorer vos relations : Les autres respectent davantage vos refus quand ils sont justifiés par des valeurs claires.

Étape 1 : Identifier vos valeurs

Les valeurs sont vos principes fondamentaux, les choses qui donnent du sens à votre vie.

Exercice :

1. Prenez quelques minutes pour réfléchir aux aspects de la vie qui sont essentiels pour vous.

2. Répondez à ces questions :

Qu'est-ce qui me motive profondément ?

Qu'est-ce que je veux protéger ou préserver dans ma vie ?

Quelles qualités ou principes j'admire chez les autres ?

Exemples de valeurs :

Famille : Vous accordez une grande importance aux relations familiales.

Santé : Vous priorisez votre bien-être physique et mental.

Authenticité : Vous voulez vivre en accord avec vos convictions.

Équilibre : Vous cherchez à maintenir une harmonie entre vie professionnelle et personnelle.

Autonomie : Vous avez besoin de liberté pour prendre vos propres décisions.

Respect : Vous attendez des interactions mutuellement respectueuses.

Étape 2 : Identifier vos besoins

Les besoins sont ce qui vous permet de vous sentir bien dans votre vie quotidienne, physiquement, mentalement et émotionnellement.

Exercice :

1. Listez les éléments qui sont nécessaires à votre bien-être.

2. Posez-vous ces questions :

De quoi ai-je besoin pour être heureux(se) ?

Quels sont mes besoins essentiels dans mes relations, au travail, ou dans mes loisirs ?

Exemples de besoins :

Temps pour vous : Moments de solitude ou d'introspection.

Repos : Suffisamment de sommeil et de récupération.

Stabilité : Un environnement prévisible et sûr.

Soutien émotionnel : Des relations qui vous apportent encouragement et réconfort.

Reconnaissance : Être apprécié(e) pour vos contributions.

Liberté : Avoir du temps et de l'espace pour poursuivre vos passions ou intérêts.

Étape 3 : Connecter vos valeurs et besoins à vos refus

Reliez vos refus à vos valeurs et besoins pour les justifier de manière respectueuse et authentique.

Exemples de refus basés sur vos valeurs et besoins :

1. Valeur : Équilibre entre travail et vie personnelle

Demande : "Peux-tu travailler ce week-end ?"

Réponse :

"Je comprends que cela soit important, mais j'ai besoin de préserver mon week-end pour me reposer et passer du temps en famille."

2. Besoin : Temps pour vous-même

Demande : "Viens à cette soirée vendredi !"

Réponse :
"Merci pour l'invitation, mais je préfère passer une soirée tranquille pour me recentrer."

3. Valeur : Respect de vos engagements

Demande : "Peux-tu m'aider avec ce projet ?"

Réponse :

"Je suis déjà engagé(e) sur d'autres priorités, je ne peux donc pas m'en charger. Peut-être qu'on peut trouver une autre solution."

Étape 4 : Créez votre liste personnalisée

Exemple de tableau pour lister vos valeurs et besoins :

Étape 5 : Formuler vos refus en vous appuyant sur votre liste

Structure simple pour dire "non" :

1. Reconnaissez la demande avec respect :

"Merci de penser à moi pour cela."

2. Exprimez votre refus avec assurance :

"Cependant, je ne peux pas accepter parce que [raison liée à vos valeurs ou besoins]."

3. Proposez une alternative si possible (facultatif) :

"Peut-être qu'on peut en discuter une autre fois ou trouver une autre solution."

Exercice pratique : Reliez vos refus à vos valeurs et besoins

1. Listez trois situations récentes où vous auriez voulu dire "non".

2. Associez chaque situation à une valeur ou un besoin.

3. Formulez une réponse que vous pourriez utiliser la prochaine fois.

Exemple :

Situation : Accepter une réunion inutile.

Valeur : Efficacité et respect du temps.

Réponse :

"Je ne peux pas participer à cette réunion, car j'ai besoin de me concentrer sur des tâches prioritaires."

Avantages de cet exercice

1. Décisions alignées : Vos réponses sont en accord avec vos priorités personnelles.

2. Moins de culpabilité : Vous comprenez que vos refus ne sont pas égoïstes, mais nécessaires.

3. Confiance accrue : Vous apprenez à poser vos limites avec assurance.

4. Interactions respectueuses : Les autres comprennent mieux vos choix lorsque vous les expliquez clairement.

Conclusion

Lister vos valeurs et besoins est une démarche essentielle pour apprendre à dire "non" avec respect et authenticité. En vous basant sur ce qui compte pour vous, vous pouvez justifier vos refus de manière claire et assertive, tout en renforçant votre bien-être. Rappelez-vous : dire "non" est un acte de respect envers vous-même et vos priorités.

VIII.2. Noter les moments où vous avez regretté de ne pas dire "non".

Prendre le temps de réfléchir et de noter les moments où vous avez regretté de ne pas dire "non" est un exercice puissant pour mieux comprendre vos limites et apprendre à les poser à l'avenir. Cela vous permet d'identifier les schémas récurrents, de mieux comprendre vos émotions et de développer des stratégies pour refuser avec plus d'assurance.

Pourquoi noter ces moments ?

1. Identifier vos déclencheurs : Comprendre dans quelles situations vous avez du mal à dire "non".

2. Analyser vos motivations : Reconnaître les peurs ou croyances limitantes qui vous empêchent de refuser.

3. Apprendre de vos expériences : Tirer des leçons pour ne pas reproduire les mêmes erreurs.

4. Renforcer votre assertivité : Vous préparez à poser vos limites plus efficacement à l'avenir.

Étapes pour noter et analyser ces moments

1. Identifiez une situation passée

Pensez à un moment où vous avez dit "oui" alors que vous auriez préféré dire "non".

Exemples :

Accepter une tâche supplémentaire au travail alors que vous étiez déjà débordé(e).
Dire "oui" à une invitation sociale alors que vous aviez besoin de repos.

Accéder à une demande d'aide d'un ami ou d'un proche, malgré votre propre manque de temps.

2. Décrivez la situation

Notez les détails de ce moment :

Qu'a-t-on demandé ?

Qui a fait la demande ?

Pourquoi avez-vous dit "oui" ?

Comment vous êtes-vous senti(e) après coup ?

Exemple :

Demande : "Peux-tu rester tard au bureau pour finir ce projet ?"
Réponse : J'ai dit "oui" parce que je ne voulais pas paraître non impliqué(e).

Sentiment : Épuisement, frustration et regret de ne pas avoir priorisé mon bien-être.

3. Analysez vos motivations

Posez-vous ces questions pour comprendre pourquoi vous avez dit "oui" :

Aviez-vous peur de décevoir ?

Pensez-vous que refuser serait égoïste ?

Aviez-vous l'impression de ne pas avoir le droit de dire "non" ?

Avez-vous cédé à la pression ou à l'habitude ?

4. Explorez les conséquences

Quels ont été les impacts de votre décision ?

Avez-vous négligé vos propres besoins ou priorités ?
Est-ce que cette situation a affecté vos relations ou votre bien-être ?

Exemple :
Conséquences : J'ai fini tard, j'étais trop fatigué(e) pour passer du temps avec ma famille, et cela m'a frustré(e).

5. Reformulez ce que vous auriez aimé dire

Prenez cette expérience comme une occasion de pratiquer.

Que pourriez-vous dire dans une situation similaire ?

Formulez un refus clair et respectueux.

Exemple :

"Je comprends que ce projet est important, mais je ne peux pas rester ce soir. Je suis disponible demain pour avancer dessus."

Exercice : Créer un journal des "oui" regrettés

1. Utilisez une structure simple

Date : Quand la situation a-t-elle eu lieu ?

Demande : Que vous a-t-on demandé ?

Motivation : Pourquoi avez-vous dit "oui" ?

Conséquences : Qu'avez-vous ressenti ou perdu en disant "oui" ?

Leçon : Que feriez-vous différemment à l'avenir ?

2. Révisez régulièrement

Relisez vos notes pour identifier des schémas récurrents.

Utilisez ces apprentissages pour vous préparer à refuser dans des situations similaires.

Exemple de journal

Conseils pour tirer le meilleur parti de cet exercice

1. Soyez honnête : Notez vos émotions et motivations sans autocritique excessive.

2. Cherchez des schémas : Identifiez les types de demandes ou les personnes avec qui il est le plus difficile de dire "non".

3. Pratiquez des alternatives : Formulez des phrases que vous pourriez utiliser dans des situations similaires.

4. Célébrez vos progrès : Chaque "non" bien posé est une victoire pour votre équilibre personnel.

Bénéfices à long terme

1. Clarté sur vos priorités : Vous apprenez à dire "non" aux demandes qui ne correspondent pas à vos valeurs ou besoins.

2. Renforcement de l'assertivité : En analysant vos expériences, vous gagnez en assurance pour poser vos limites.

3. Réduction des regrets : Vous évitez de répéter des situations qui vous frustrent ou vous épuisent.

4. Amélioration des relations : Dire "non" avec respect favorise des interactions honnêtes et équilibrées.

Conclusion

Noter les moments où vous avez regretté de ne pas dire "non" est un exercice introspectif précieux pour comprendre vos comportements et apprendre à mieux gérer vos limites. En analysant ces expériences et en reformulant vos réponses, vous développez une capacité à refuser avec respect et assurance. Rappelez-vous : chaque "non" est une étape vers une vie plus alignée avec vos besoins et priorités.

VIII.3. Écrire une lettre fictive à une personne à qui vous auriez voulu dire "non".

Rédiger une lettre fictive est un exercice thérapeutique qui vous aide à exprimer des émotions non dites et à clarifier vos pensées. Cela vous permet de revisiter une situation passée où vous avez eu du mal à dire "non" et d'explorer comment vous auriez pu poser vos limites. Ce processus renforce votre assertivité et vous prépare à mieux gérer des situations similaires à l'avenir.

Pourquoi écrire une lettre fictive ?

1. Libérer vos émotions : Vous exprimez ce que vous avez ressenti sans crainte de jugement.

2. Analyser vos réactions : Vous identifiez pourquoi vous avez eu du mal à dire "non".

3. Pratiquer l'assertivité : Vous reformulez ce que vous auriez voulu dire avec clarté et respect.

4. Gagner en confiance : Cet exercice vous prépare à poser vos limites dans des situations futures.

Étapes pour écrire la lettre

1. Choisissez une situation passée

Identifiez un moment où vous avez accepté quelque chose que vous auriez préféré refuser.
Exemple : Une invitation, une tâche au travail, un service demandé par un ami ou un membre de la famille.

2. Structurez votre lettre

Vous pouvez suivre cette structure en trois parties :

1. Exprimez ce que vous avez ressenti à l'époque

"Quand tu m'as demandé [la situation], j'ai ressenti [émotion : pression, culpabilité, etc.]."

"Je n'ai pas osé dire non, car j'avais peur de te décevoir."

2. Dites ce que vous auriez aimé répondre

"Avec du recul, j'aurais préféré dire : 'Je ne peux pas, car j'ai d'autres priorités en ce moment.' "

"J'aurais aimé poser mes limites en disant : 'Je comprends ton besoin, mais je ne suis pas disponible pour t'aider.' "

3. Exprimez vos apprentissages

"En réfléchissant à cette situation, je réalise que j'ai le droit de dire non sans me sentir coupable."

"Cela m'a appris que mes besoins et mon temps sont importants."

4. Relisez et ressentez

Prenez un moment pour lire votre lettre et observer vos émotions.

Ressentez-vous un soulagement, une clarté, ou une meilleure compréhension de vous-même ?

Exemple de lettre fictive

Cher(e) [Nom],

Quand tu m'as demandé de [situation], j'ai ressenti une grande pression. À ce moment-là, j'ai accepté, car j'avais peur de te décevoir ou de paraître égoïste. Pourtant, cela m'a coûté beaucoup d'énergie et de temps que je n'avais pas à donner.

Avec du recul, j'aurais aimé te répondre : "Je comprends que tu as besoin d'aide, mais je ne peux pas m'engager pour le moment." J'aurais aimé poser mes limites avec respect et fermeté, sans culpabiliser.

En réfléchissant à cette situation, je comprends maintenant que dire "non" est un droit, et que cela ne signifie pas que je ne tiens pas à toi. Cela signifie simplement que je respecte mes besoins et mes limites.

Merci de m'avoir permis d'apprendre de cette expérience. Je me sens mieux préparé(e) à poser mes limites à l'avenir, tout en maintenant des relations positives.

Bien à toi,
[Votre nom]

Conseils pour écrire votre lettre

1. Soyez honnête : Exprimez vos émotions sans retenue, même si elles sont conflictuelles.

2. Évitez l'autocritique : Concentrez-vous sur ce que vous avez appris, pas sur ce que vous auriez "dû" faire.

3. Adoptez un ton bienveillant : Imaginez que vous parlez avec respect, à vous-même et à la personne concernée.

4. Gardez la lettre privée : Cet exercice est pour vous, pas pour la personne à qui vous écrivez.

Bénéfices à long terme

1. Clarté émotionnelle : Vous identifiez les schémas qui vous empêchent de dire "non".

2. Renforcement de vos limites : Vous devenez plus conscient(e) de vos droits et priorités.

3. Préparation pour l'avenir : Vous développez des formulations claires et assertives pour dire "non".

4. Libération : Vous relâchez les tensions ou la culpabilité associées à la situation passée.

Conclusion

Écrire une lettre fictive à une personne à qui vous auriez voulu dire "non" est un exercice puissant pour mieux comprendre vos émotions et renforcer votre assertivité. C'est un moment de réflexion et d'apprentissage qui vous prépare à poser vos limites avec confiance à l'avenir. Rappelez-vous : dire "non" est un acte de respect envers soi-même.

VIII.4. Faire une méditation sur vos droits personnels.

Une méditation centrée sur vos droits personnels peut vous aider à reconnaître et intégrer l'idée que vous avez le droit de dire "non" sans culpabilité. Cela vous permet de renforcer votre assertivité, d'écarter les croyances limitantes et de vivre en accord avec vos valeurs et besoins.

Pourquoi méditer sur vos droits personnels ?

1. Renforcer votre estime de vous : Vous réalisez que vos besoins et limites sont tout aussi importants que ceux des autres.

2. Réduire la culpabilité : Vous acceptez que dire "non" est un droit, pas une faute.
3. Clarifier vos priorités : Vous vous connectez à ce qui compte vraiment pour vous.

4. Favoriser un état de calme : La méditation apaise les émotions négatives liées au refus.

Étape par étape : Méditation sur vos droits personnels

1. Préparez un espace calme

Trouvez un endroit où vous ne serez pas dérangé(e).

Asseyez-vous confortablement, les pieds bien ancrés au sol, ou allongez-vous si vous préférez.

2. Commencez par respirer profondément

Inspirez lentement par le nez, en comptant jusqu'à 4.

Retenez votre souffle pendant 2 secondes.

Expirez doucement par la bouche en comptant jusqu'à 6.

Répétez ce cycle 3 à 5 fois pour vous détendre.

3. Répétez vos droits personnels dans votre esprit

Concentrez-vous sur chaque affirmation, en respirant calmement entre chaque répétition.

Voici une liste d'affirmations à méditer :

1. "J'ai le droit de dire non sans me justifier."

2. "J'ai le droit de mettre mes besoins en priorité."

3. "J'ai le droit de changer d'avis."

4. "J'ai le droit de faire des erreurs."

5. "J'ai le droit de refuser ce qui ne me convient pas."

6. "J'ai le droit d'être respecté(e) lorsque je pose mes limites."

4. Visualisez votre force intérieure

Imaginez une lumière douce et chaude qui émane de votre poitrine.

Cette lumière représente votre force personnelle, votre assurance et votre droit d'être respecté(e).

Visualisez cette lumière s'intensifier à chaque inspiration, remplissant votre corps et vous ancrant dans vos droits personnels.

5. Restez avec vos sensations

Prenez un moment pour observer comment vous vous sentez.

Ressentez-vous un soulagement, une légèreté, ou une confiance accrue ?

Accueillez toutes les sensations sans jugement.

6. Terminez avec une affirmation de gratitude

Répétez doucement : "Je suis reconnaissant(e) de pouvoir affirmer mes droits et respecter mes besoins."

Inspirez profondément une dernière fois, puis ouvrez doucement les yeux.

Conseils pour intégrer cette méditation dans votre routine

1. Pratiquez régulièrement : Faites cette méditation une fois par jour ou chaque fois que vous sentez le besoin de renforcer votre assertivité.

2. Notez vos ressentis : Tenez un journal pour suivre l'évolution de vos émotions et pensées après chaque session.

3. Personnalisez vos affirmations : Ajoutez des droits qui résonnent particulièrement avec vos expériences.

Exercice complémentaire : Écrivez vos droits personnels

Après votre méditation, prenez quelques minutes pour noter vos droits personnels.

Exemple :

"J'ai le droit de ne pas répondre immédiatement à une demande."

"J'ai le droit de prendre du temps pour moi."

Avantages à long terme

1. Confiance renforcée : Vous vous sentez plus sûr(e) de poser vos limites.

2. Réduction des émotions négatives : La méditation apaise la culpabilité et l'anxiété liées au refus.

3. Alignement avec vos valeurs : Vous vivez en accord avec ce qui est important pour vous.

4. Meilleure gestion des interactions : Vous êtes mieux préparé(e) à dire "non" avec respect et fermeté.

Conclusion

Méditer sur vos droits personnels est une pratique puissante pour renforcer votre assertivité et apprendre à dire "non" sans culpabilité. En intégrant cette méditation dans votre routine, vous développerez une relation plus saine avec vous-même et avec les autres. Rappelez-vous : vous avez le droit de poser vos limites et de respecter vos besoins.

VIII.5. Observer vos émotions lorsque vous dites "non".

Dire "non" peut susciter une variété d'émotions, allant de la culpabilité à la satisfaction. En prenant le temps d'observer vos ressentis, vous pouvez mieux comprendre vos réactions et développer une capacité à refuser avec plus d'assurance et de sérénité.

Pourquoi observer vos émotions après avoir dit "non" ?

1. Identifier vos déclencheurs émotionnels : Vous comprenez pourquoi certaines situations de refus sont plus difficiles pour vous.

2. Gérer vos émotions : Vous apprenez à répondre à des sentiments comme la culpabilité ou l'anxiété de manière constructive.

3. Renforcer votre confiance : Vous réalisez que dire "non" est un acte sain et nécessaire pour poser vos limites.

4. Évoluer dans vos interactions : Vous développez une communication plus assertive et alignée avec vos valeurs.

Étapes pour observer vos émotions

1. Faites une pause après avoir dit "non"

Prenez quelques secondes pour vous recentrer.

Respirez profondément et notez ce que vous ressentez dans l'instant.

2. Identifiez vos émotions

Posez-vous les questions suivantes :

Que ressentez-vous immédiatement ?

De la culpabilité ? De l'anxiété ? Du soulagement ? De la satisfaction ?

Est-ce une émotion positive ou négative ?

Positif : fierté, légèreté, respect de soi.

Négatif : peur, doute, gêne.

Où ressentez-vous ces émotions dans votre corps ?

Tension dans les épaules, nœud dans l'estomac, respiration légère ou profonde.

3. Explorez l'origine de ces émotions

Pourquoi ressentez-vous cela ?

Est-ce parce que vous craignez de décevoir quelqu'un ?

Vous sentez-vous en conflit avec vos propres valeurs ?

Avez-vous du mal à poser des limites dans certains types de relations ?

Exemple :

Emotion : culpabilité.

Origine : peur d'être perçu(e) comme égoïste ou peu fiable.

4. Reformulez vos pensées

Si vous ressentez une émotion négative, essayez de la recadrer de manière positive.

"Dire non ne signifie pas que je suis égoïste, mais que je respecte mes limites."

"Je suis libre de refuser des demandes qui ne correspondent pas à mes priorités."

5. Notez vos ressentis dans un journal

Après chaque refus, prenez quelques minutes pour noter vos émotions et pensées.

Exemple de structure :

Situation : J'ai refusé d'aider un collègue à finir un projet.
Emotion ressentie : culpabilité.

Pourquoi ? Je craignais qu'il me perçoive comme non collaboratif (Ve).

Pensée positive : J'ai respecté mes limites et mes propres priorités professionnelles.

Exemples de réactions émotionnelles après un "non"

1. Culpabilité

Exemple : Vous refusez d'aider un ami à déménager parce que vous avez besoin de repos.

Solution : Reformulez votre pensée :

"Mon besoin de repos est légitime. Cela ne veut pas dire que je ne tiens pas à mon ami."

2. Anxiété

Exemple : Vous craignez la réaction d'un collègue après avoir refusé une tâche.

Solution : Dites-vous :

"Sa réaction est son propre ressenti. Mon refus est professionnel et justifié."

3. Soulagement

Exemple : Vous dites "non" à une invitation à une soirée qui ne vous intéressait pas.

Résultat : Vous vous sentez léger(ère) et respecté(e) dans vos choix.

4. Satisfaction

Exemple : Vous refusez une réunion inutile pour vous concentrer sur une tâche prioritaire.

Résultat : Vous êtes fier(e) d'avoir respecté vos priorités et d'avoir évité une surcharge.

Conseils pour gérer vos émotions après un "non"

1. Rappelez-vous vos droits : Vous avez le droit de dire "non" sans vous justifier excessivement.

2. Pratiquez la pleine conscience : Observez vos émotions sans jugement, comme des phénomènes passagers.

3. Célébrez vos succès : Même si c'est difficile, chaque "non" est une étape vers une meilleure assertivité.

4. Apprenez de chaque expérience : Analysez ce qui a bien fonctionné et ce que vous pourriez améliorer.

Exercice pratique

1. Simulez un refus dans une situation fictive
Imaginez que vous refusez une demande courante, comme une invitation ou une tâche.

Observez vos émotions immédiatement après.

2. Notez vos observations

Quelle émotion avez-vous ressentie ?

Quelle était l'origine de cette émotion ?

Comment pouvez-vous la recadrer positivement ?

3. Appliquez dans une situation réelle

La prochaine fois que vous dites "non", observez vos émotions et répétez l'exercice.

Bénéfices à long terme

1. Confiance accrue : Vous serez de plus en plus à l'aise avec vos décisions.

2. Gestion des émotions : Vous apprendrez à désamorcer les émotions négatives comme la culpabilité ou l'anxiété.

3. Alignement personnel : Vous ressentirez une satisfaction en vivant en accord avec vos valeurs et priorités.

4. Relations plus saines : Dire "non" avec assurance renforce la clarté et la sincérité dans vos interactions.

Conclusion

Observer vos émotions lorsque vous dites "non" est une étape clé pour comprendre vos réactions et améliorer votre assertivité. Avec de la pratique, vous apprendrez à gérer vos émotions, à reformuler vos pensées négatives, et à refuser avec sérénité. Rappelez-vous : dire "non" est un acte de respect envers vous-même et vos limites.

IX. Exercices de mise en situation

IX.1. Jouer à des jeux de rôle avec un ami ou un collègue

Les jeux de rôle sont une méthode ludique et pratique pour apprendre à dire "non" dans un environnement sécurisé. En simulant des situations réelles avec un ami ou un collègue, vous pouvez expérimenter différentes approches, recevoir des retours constructifs et gagner en confiance.

Pourquoi utiliser les jeux de rôle pour pratiquer le refus ?

1. Pratique sécurisée : Vous pouvez vous entraîner sans crainte de conséquences réelles.

2. Exploration des styles : Testez différents tons, langages et attitudes pour trouver ce qui vous convient le mieux.

3. Amélioration de la confiance : Vous devenez plus à l'aise avec l'acte de refuser.

4. Feedback immédiat : Votre partenaire peut vous aider à ajuster votre communication pour être plus clair(e) et assertif(Ve).

Étapes pour organiser un jeu de rôle

1. Choisissez un partenaire

Invitez un ami ou un collègue de confiance qui est prêt à jouer le rôle de l'interlocuteur.

Assurez-vous qu'il/elle comprend l'objectif : s'entraîner à refuser de manière respectueuse et assertive.

2. Définissez les scénarios

Imaginez des situations réalistes dans lesquelles vous pourriez avoir du mal à dire "non".

Exemples de scénarios :

Un collègue vous demande de l'aide sur un projet, mais vous êtes déjà débordé(e).
Un ami insiste pour que vous veniez à une soirée alors que vous êtes fatigué(e).
Un membre de votre famille vous demande un service que vous ne voulez pas rendre.

3. Simulez la situation

L'un joue la personne qui fait la demande, l'autre pratique son refus.

Essayez de répondre de manière respectueuse, claire et assertive.

4. Échangez les rôles

Permettez à votre partenaire de pratiquer également, afin que chacun puisse bénéficier de l'exercice.

5. Analysez les interactions

Discutez de ce qui a bien fonctionné et des aspects à améliorer.

Identifiez les formulations, les tons ou les gestes qui ont rendu le refus plus efficace

Exemples de jeux de rôle

1. Refuser une tâche au travail

Demande : "Peux-tu préparer ce rapport pour moi ? Je suis débordé(e)."

Réponse :

"Je comprends que tu as beaucoup de travail, mais je suis déjà engagé(e) sur mes propres priorités. Peut-être qu'on peut demander à quelqu'un d'autre

2. Dire non à une invitation sociale

Demande : "Viens à cette fête vendredi soir, ce sera génial !"

Réponse :

"Merci pour l'invitation, mais je vais devoir passer cette fois. J'espère que vous passerez une bonne soirée."

3. Refuser un prêt d'argent à un proche

Demande : "Tu pourrais me prêter 100 euros pour quelques jours ?"

Réponse :

"Je comprends que tu as besoin d'aide, mais je ne suis pas en mesure de te prêter de l'argent en ce moment."

Conseils pour maximiser les bénéfices des jeux de rôle

1. Soyez créatif (Ve) avec les scénarios : Incluez des situations variées pour vous préparer à différents types de demandes.

2. Essayez différents tons : Testez des réponses plus fermes, plus empathiques ou humoristiques selon la situation.

3. Faites attention au langage corporel : Observez si votre posture, vos gestes et votre expression faciale renforcent ou affaiblissent votre message.

4. Prenez des notes : Notez les formulations et techniques qui fonctionnent bien pour les réutiliser

Avantages à long terme

1. Confiance accrue : Vous vous sentez plus sûr(e) de vous face aux demandes.

2. Réduction du stress : Vous apprenez à refuser sans culpabilité ni anxiété.

3. Amélioration des relations : Vos refus deviennent clairs, respectueux et mieux acceptés par les autres.

4. Préparation aux situations réelles : Vous êtes mieux équipé(e) pour poser vos limites dans des interactions quotidiennes.

Exemple d'une session de jeu de rôle

Situation simulée :

Un collègue vous demande de prendre en charge une réunion de dernière minute.

Dialogue :

Collègue : "Peux-tu animer cette réunion à ma place ? Je suis coincé(e) avec autre chose."

Vous :

Regard direct, ton calme :
"Je comprends que tu sois occupé(e), mais je ne peux pas m'en charger, car j'ai déjà d'autres priorités."

Légère redirection :
"Peut-être qu'on pourrait demander à quelqu'un d'autre de l'équipe ?"

Feedback :

Votre partenaire remarque que votre ton est clair et non agressif, mais suggère d'ajouter un sourire pour adoucir le refus.

Conclusion

Les jeux de rôle sont un outil puissant pour pratiquer l'art de dire "non" dans un cadre sûr et constructif. En vous entraînant régulièrement avec un ami ou un collègue, vous renforcez vos compétences en communication assertive et vous préparez à poser vos limites dans la vie réelle. Rappelez-vous : chaque simulation est une étape vers plus de confiance et de sérénité dans vos refus.

IX.2. Refuser quelque chose de petit chaque jour.

Pratiquer le refus au quotidien, même pour des choses apparemment insignifiantes, est une méthode efficace pour développer votre assertivité et apprendre à dire "non" sans culpabilité. Cette habitude vous permet de renforcer votre confiance en vous tout en posant des limites claires dans des situations simples.

Pourquoi pratiquer le refus quotidien ?

1. Construire une habitude : En répétant régulièrement, vous devenez plus à l'aise pour dire "non".

2. Renforcer votre assertivité : Vous apprenez à poser des limites de manière claire et respectueuse.

3. Réduire la culpabilité : Dire "non" à de petites choses vous habitue à refuser sans vous sentir mal.

4. Préparer les grandes décisions : Ces petits refus servent de répétition pour gérer des situations plus importantes.

Exemples de petites choses à refuser chaque jour

1. Au travail

Refuser une réunion non essentielle.

"Je ne peux pas y assister, mais merci pour l'invitation. Je lirai le compte rendu."

Dire non à une tâche supplémentaire si elle n'est pas prioritaire.

"Je suis déjà concentré(e) sur un projet important. Peut-on la déléguer à quelqu'un d'autre ?"

2. Dans la vie quotidienne

Dire non à un café ou une collation que vous ne voulez pas.

"Non, merci. Je vais passer cette fois-ci."

Refuser une sollicitation dans la rue (publicité, sondages, etc.).

"Non, merci, bonne journée !"

3. Avec vos proches

Dire non à une sortie ou un événement qui ne vous intéresse pas.

"Merci pour l'invitation, mais je vais devoir décliner."

Refuser un service si vous n'avez pas le temps ou l'énergie.

"Je ne peux pas m'en occuper aujourd'hui, désolé(e)."

Comment intégrer cette pratique au quotidien

1. Identifiez une opportunité chaque jour

Soyez attentif (ve) aux situations où vous pourriez dire "non".

Choisissez une situation simple pour commencer, comme refuser un café supplémentaire ou une tâche mineure.

2. Formulez un refus clair et respectueux

Utilisez des phrases simples et directes :

"Non, merci."

"Je ne peux pas, mais merci de penser à moi."

3. Restez cohérent(e) avec votre décision

Une fois que vous avez dit "non", tenez-vous à votre réponse.

Évitez de céder à la pression ou aux justifications excessives.

4. Notez vos ressentis après chaque refus

Comment vous êtes-vous senti(e) après avoir dit "non" ?

Quelles étaient les réactions de l'autre personne ?

Ces observations vous aideront à mieux comprendre vos émotions et à ajuster votre approche.

Exemples de réponses simples pour des refus quotidiens

"Non, je vais passer mon tour cette fois."

"Je ne peux pas, mais merci de penser à moi."

"Non, merci, je ne suis pas intéressé(e)."

"Je ne suis pas disponible pour ça en ce moment."

Conseils pour réussir

1. Commencez petit : Choisissez des situations simples pour éviter de vous sentir dépassé(e).

2. Soyez cohérent(e) : Utilisez un ton calme et clair pour renforcer votre message.

3. Pratiquez régulièrement : Faites de cette habitude un défi quotidien pour construire votre assurance.

4. Soyez bienveillant(e) envers vous-même : Acceptez qu'il puisse y avoir des moments où dire "non" est plus difficile, et continuez à progresser.

Avantages à long terme

1. Renforcement de votre confiance : Chaque petit refus vous rend plus sûr(e) de vous.

2. Meilleure gestion de votre temps : Vous apprenez à prioriser ce qui est important pour vous.

3. Relations plus saines : Dire "non" avec respect clarifie vos limites et réduit les malentendus.

4. Préparation aux grandes décisions : Vous êtes mieux équipé(e) pour refuser des demandes importantes ou complexes.

Conclusion

Refuser quelque chose de petit chaque jour est un exercice simple mais puissant pour développer votre assertivité et apprendre à poser des limites. Avec de la pratique, ces petits refus deviendront naturels et renforceront votre capacité à dire "non" dans toutes les sphères de votre vie. Rappelez-vous : chaque "non" est un pas vers une vie plus équilibrée et respectueuse de vos besoins.

IX.3. Participer à un atelier ou un groupe sur l'affirmation de soi.

Un atelier ou un groupe de travail sur l'affirmation de soi est une excellente occasion d'apprendre à dire "non" avec assurance et respect. Ces espaces permettent d'acquérir des compétences pratiques, de partager des expériences et de renforcer votre confiance en vous dans un cadre bienveillant.

Pourquoi participer à un atelier ou un groupe sur l'affirmation de soi ?

1. Apprentissage pratique : Vous bénéficiez de techniques concrètes et d'exercices adaptés à vos besoins.

2. Renforcement de la confiance : Vous pratiquez dans un environnement sécurisant, avec le soutien de professionnels et de pairs.

3. Partage d'expériences : Vous découvrez que d'autres rencontrent des défis similaires, ce qui aide à relativiser vos difficultés.

4. Feedback constructif : Vous recevez des retours bienveillants sur vos forces et vos points à améliorer.

5. Développement de compétences sociales : Vous apprenez à poser des limites tout en maintenant des relations positives.

Comment choisir un atelier ou un groupe adapté ?

1. Recherchez des programmes spécialisés

Cherchez des ateliers portant sur :

L'affirmation de soi.

La communication assertive.

La gestion des émotions.

Les compétences sociales.

2. Vérifiez la qualification des animateurs

Assurez-vous que l'atelier est animé par un professionnel qualifié, comme :

Un coach certifié en développement personnel.

Un psychologue ou un thérapeute spécialisé en communication.

3. Analysez le format

Ateliers en présentiel : Conviennent si vous préférez l'interaction en face à face.

Groupes en ligne : Idéaux si vous cherchez plus de flexibilité ou préférez travailler depuis chez vous.

4. Lisez les avis et recommandations

Consultez les témoignages d'anciens participants pour évaluer la qualité du programme.

Exemples de contenus abordés dans un atelier

1. Comprendre l'affirmation de soi

Différence entre communication passive, agressive et assertive.

Importance de poser des limites claires.

2. Techniques pour dire "non"

Formuler un refus respectueux mais ferme.

Utiliser des phrases simples comme :

"Je ne peux pas, mais merci de penser à moi."

"Ce n'est pas possible pour moi en ce moment."

3. Langage corporel et ton de voix

Apprendre à utiliser un ton calme et assertif.

Adopter une posture et un regard qui transmettent la confiance.

4. Gestion des émotions

Gérer la culpabilité ou la peur du rejet associées au refus.

Techniques pour rester calme face à des demandes insistantes.

5. Jeux de rôle et scénarios pratiques
Simuler des situations de la vie quotidienne pour appliquer les techniques apprises.

Recevoir des retours constructifs des autres participants.

Avantages d'un atelier ou groupe sur l'affirmation de soi

1. Encadrement professionnel : Vous bénéficiez de l'expertise d'un formateur ou thérapeute.

2. Espace sécurisant : Le cadre bienveillant vous permet de vous exprimer sans crainte de jugement.

3. Progrès mesurables : Vous pratiquez régulièrement, ce qui renforce votre confiance et vos compétences.

4. Réseau de soutien : Vous créez des liens avec des personnes partageant les mêmes objectifs.

Préparation pour tirer le meilleur parti de l'expérience

1. Identifiez vos besoins

Posez-vous ces questions :

Quelles situations vous mettent mal à l'aise lorsque vous devez dire "non" ?

Quels sont vos principaux défis en termes d'affirmation de soi ?

2. Engagez-vous pleinement

Participez activement aux exercices et discussions.

Acceptez les retours constructifs avec ouverture.

3. Appliquez ce que vous apprenez

Pratiquez les techniques dans votre quotidien pour les intégrer durablement.

Notez vos réussites et vos progrès après chaque interaction.

Exemple d'expérience en atelier

Atelier : L'affirmation de soi au quotidien

Durée : 4 séances de 2 heures.

Contenu :

Jour 1 : Identifier vos droits et vos besoins.

Jour 2 : Dire "non" sans culpabilité.

Jour 3 : Gérer les émotions associées au refus.

Jour 4 : Appliquer dans des scénarios réalistes (jeux de rôle).

Résultat attendu : Vous repartez avec des outils concrets et une confiance renforcée pour dire "non".

Comment trouver un atelier ou groupe ?

1. Recherchez localement : Consultez les centres de développement personnel, les universités, ou les associations locales.

2. Explorez en ligne : Cherchez des plateformes proposant des ateliers virtuels, comme Meetup, Eventbrite ou des groupes Facebook spécialisés.

3. Demandez des recommandations : Parlez-en à des amis ou collègues qui ont peut-être déjà participé à ce type d'atelier.

Conclusion

Participer à un atelier ou un groupe sur l'affirmation de soi est une excellente initiative pour apprendre à dire "non" avec confiance et respect. En explorant vos besoins, en pratiquant dans un cadre bienveillant et en appliquant les techniques apprises, vous renforcerez vos compétences et votre assurance dans toutes vos interactions. Rappelez-vous : s'affirmer est un signe de respect pour vous-même et pour les autres.

IX.4. Pratiquer des réponses non verbales (gestes, regards).

Les réponses non verbales, comme les gestes et les regards, sont des outils puissants pour accompagner vos refus. Elles renforcent vos mots, expriment votre assurance et évitent les malentendus. Avec la pratique, ces signaux deviennent naturels et aident à transmettre un "non" clair et respectueux

Pourquoi pratiquer des réponses non verbales ?

1. Renforcer vos messages verbaux : Une posture ou un regard affirmé donne plus de poids à vos mots.

2. Éviter les ambiguïtés : Des signaux non verbaux cohérents clarifient vos intentions.

3. Gérer les situations silencieuses : Parfois, un geste ou un regard peut suffire pour exprimer un refus.

4. Projeter de l'assurance : Un langage corporel confiant montre que vous êtes sûr(e) de votre décision.

Les éléments non verbaux clés à pratiquer

1. Regard direct

Maintenez un contact visuel ferme mais non agressif.

Cela montre que vous êtes sûr(e) de votre décision et respectueux(se) de votre interlocuteur.

Exercice :

Entraînez-vous devant un miroir à maintenir un regard direct tout en disant "non".

Testez avec un(e) ami(e) pour vous habituer à soutenir le regard de l'autre.

2. Posture droite

Gardez une posture droite, avec les épaules légèrement en arrière.

Évitez les positions fermées (bras croisés, regard vers le sol), qui peuvent signaler de l'hésitation ou de l'inconfort.

Exercice :

Adoptez une posture droite lorsque vous pratiquez vos refus.

Visualisez-vous comme une personne confiante et alignée avec ses décisions.

3. Geste de la main

Accompagnez votre "non" verbal d'un geste clair mais non agressif, comme une paume ouverte légèrement levée.

Ce geste signifie "stop" ou "je ne peux pas", sans paraître rude.

Exercice :

Devant un miroir, entraînez-vous à lever légèrement la main en disant "non".

Veillez à garder un mouvement fluide, ni brusque ni hésitant.

4. Expression faciale

Optez pour une expression calme et neutre, éventuellement accompagnée d'un léger sourire.

Évitez de froncer les sourcils ou d'avoir un visage trop fermé, ce qui pourrait être perçu comme hostile.

Exercice :

Pratiquez des expressions faciales devant un miroir en simulant des refus. Testez différentes expressions pour trouver celle qui vous semble naturelle et respectueuse.

5. Silence contrôlé

Utilisez le silence pour renforcer votre refus. Par exemple, après avoir dit "non", gardez un moment de silence pour montrer que votre décision est ferme.

Un regard calme et une posture droite suffisent souvent à transmettre le message.

Exercice :

Dites "non" et restez silencieux pendant quelques secondes, tout en maintenant un contact visuel.

Observez comment cela renforce votre affirmation.

Exemples de réponses non verbales dans différents contextes

1. Contexte professionnel

Situation : Un collègue insiste pour que vous preniez une tâche supplémentaire.

Réponse non verbale : Regard direct, posture droite, paume légèrement levée.

Message verbal : "Non, je ne peux pas prendre cela en charge actuellement."

2. Contexte social

Situation : Un ami insiste pour que vous participiez à une activité que vous n'aimez pas.

Réponse non verbale : Regard amical, léger sourire, mouvement de la tête de gauche à droite pour signaler un refus.

Message verbal : "Non, merci, ce n'est pas pour moi."

3. Contexte familial

Situation : Un membre de la famille vous demande un service que vous ne voulez pas rendre.

Réponse non verbale : Contact visuel direct, expression calme, paume levée.

Message verbal : "Je ne peux pas cette fois, désolé(e)."

Conseils pour réussir vos réponses non verbales

1. Restez cohérent(e) : Vos gestes, regards et expressions doivent correspondre à votre message verbal.

2. Soyez naturel(le) : Évitez d'en faire trop ; un simple geste ou regard peut suffire.

3. Pratiquez régulièrement : Entraînez-vous avec un miroir ou un ami pour rendre vos réponses non verbales plus fluides.

4. Adaptez-vous à la situation : Un refus professionnel peut nécessiter un ton plus formel qu'un refus social.

Exercice pratique

1. Identifiez une situation fictive ou réelle où vous devez dire "non".

2. Simulez votre refus devant un miroir ou avec un(e) ami(e).

3. Concentrez-vous sur les éléments suivants :

Votre posture.

Votre regard.

Vos gestes (par exemple, lever légèrement la main).

Votre expression faciale.

4. Recevez des retours : Si possible, demandez à quelqu'un comment votre langage corporel est perçu.

Avantages à long terme

1. Renforcement de la confiance : Vous vous sentez plus sûr(e) de vous en exprimant vos refus.

2. Meilleure communication : Vos messages sont clairs et cohérents, réduisant les malentendus.

3. Relations positives : Vous posez vos limites sans créer de tensions inutiles.

Conclusion

Pratiquer des réponses non verbales comme les gestes et les regards est une compétence précieuse pour dire "non" avec assurance et respect. En maîtrisant ces outils, vous pouvez transmettre vos intentions de manière claire et élégante, tout en renforçant vos relations. Rappelez-vous : votre langage corporel parle autant que vos mots, utilisez-le avec intention.

IX.5. Expérimenter différents tons de voix en disant "non".

Le ton de votre voix joue un rôle crucial dans la façon dont votre refus est perçu. Il peut rendre un "non" ferme mais respectueux, ou au contraire, agressif ou hésitant. En expérimentant différents tons, vous trouverez celui qui convient le mieux à chaque situation, tout en renforçant votre assertivité.

Pourquoi expérimenter différents tons de voix ?

1. Communiquer avec clarté : Un ton adapté transmet votre message sans ambiguïté.

2. Renforcer votre assertivité : Vous affirmez vos limites avec confiance.

3. Éviter les malentendus : Un ton approprié minimise les risques de conflit ou de ressentiment.

4. Adapter votre réponse : Selon la situation, le ton peut être plus doux ou plus direct.

Caractéristiques des différents tons de voix

1. Le ton assertif :

Caractéristique : Clair, posé, sans hésitation.

Quand l'utiliser : Dans des contextes professionnels ou lorsque vous devez établir une limite ferme.

Exemple : "Je ne peux pas accepter cette demande."

2. Le ton empathique :

Caractéristique : Doux, chaleureux, avec une touche de compréhension.

Quand l'utiliser : Lorsque vous voulez refuser sans blesser, en montrant que vous comprenez l'autre.

Exemple : "Je comprends que cela soit important pour toi, mais je ne peux pas cette fois."

3. Le ton léger ou humoristique :

Caractéristique : Décontracté, avec un sourire dans la voix.

Quand l'utiliser : Dans un cadre social ou pour désamorcer une situation tendue.

Exemple : "Oh non, je vais devoir passer mon tour, mais merci quand même !"

4. Le ton neutre :

Caractéristique : Direct, sans émotions apparentes, mais respectueux.

Quand l'utiliser : Dans des situations où vous voulez rester factuel, sans engager de discussions émotionnelles.

Exemple : "Non, je ne peux pas."

Exercice : Expérimenter différents tons de voix

Étape 1 : Préparez des phrases

Choisissez une phrase de refus que vous utiliserez pour l'exercice, par exemple :

"Non, je ne peux pas m'engager sur ce projet."

"Je ne suis pas disponible ce week-end."

Étape 2 : Essayez chaque ton

Répétez la phrase en adoptant différents tons :

1. Assertif : Parlez avec clarté et une voix posée.

2. Empathique : Adoucissez votre voix et ajoutez un ton chaleureux.

3. Léger : Ajoutez une intonation amicale ou un soupçon d'humour.

4. Neutre : Dites la phrase simplement, sans expression émotionnelle marquée.

Étape 3 : Évaluez l'impact

Ressentez-vous une différence dans la manière dont vous prononcez ces "non" ?

Quel ton vous semble le plus naturel ?

Quel ton serait le plus approprié dans différentes situations ?

Exemples de contextes et tons adaptés

1. Contexte professionnel

Situation : Un collègue vous demande de prendre une tâche supplémentaire.

Ton adapté : Assertif.

"Je ne peux pas prendre cette tâche en charge actuellement, car je suis déjà engagé(e) sur un autre projet prioritaire."

2. Contexte personnel

Situation : Un ami vous invite à une soirée, mais vous êtes fatigué(e).

Ton adapté : Empathique ou léger.

Empathique : "Merci pour l'invitation, mais je vais devoir décliner, j'ai vraiment besoin de me reposer."

Léger : "Oh non, ce sera sans moi cette fois, je me transforme en ermite ce soir !"

3. Contexte social

Situation : Quelqu'un insiste pour que vous participiez à une activité que vous n'aimez pas.

Ton adapté : Léger ou neutre.

Léger : "Haha, je passe mon tour pour celle-là, mais amusez-vous bien !"

Neutre : "Non, merci."

Conseils pour réussir

1. Adaptez-vous au contexte : Le ton que vous choisissez doit correspondre à la situation et à votre interlocuteur.

2. Soyez cohérent(e) : Assurez-vous que votre langage corporel et vos mots correspondent à votre ton.

3. Pratiquez devant un miroir : Cela vous aide à visualiser et ressentir l'effet de chaque ton.

4. Restez respectueux(se) : Quel que soit le ton choisi, gardez un langage poli et bienveillant.

Avantages à long terme

1. Confiance accrue : En maîtrisant votre ton, vous gagnez en assurance pour dire "non".

2. Meilleure communication : Votre message sera perçu plus clairement et positivement.

3. Flexibilité : Vous saurez ajuster votre ton selon les besoins de la situation.

4. Réduction des tensions : Un ton bien choisi minimise les conflits et améliore les relations.

Conclusion

Expérimenter différents tons de voix en disant "non" est une stratégie puissante pour renforcer votre assertivité et améliorer vos interactions. En trouvant le ton adapté à chaque situation, vous apprenez à refuser avec clarté, respect et confiance. Rappelez-vous : ce n'est pas seulement ce que vous dites, mais comment vous le dites qui fait toute la différence.

X. Exercices d'observation

X.1. Observer comment les autres disent "non".

Observer la manière dont les autres refusent des demandes est une excellente façon d'apprendre à dire "non" avec assertivité et respect. Cela permet de découvrir différentes stratégies, d'analyser leur efficacité et d'enrichir votre propre style de communication.

Pourquoi observer les refus des autres ?

1. Identifier des modèles inspirants : Vous découvrez des techniques qui fonctionnent et des approches respectueuses.

2. Développer votre assertivité : En observant les autres, vous apprenez à poser vos limites avec plus de confiance.

3. Élargir vos options : Vous trouvez des phrases et des attitudes que vous pouvez adapter à différents contextes.

4. Comprendre les réactions : Vous voyez comment un "non" bien formulé peut être accepté sans tensions.

Étapes pour observer les refus des autres

1. Repérez des situations de refus

Contexte professionnel :

Comment un collègue refuse une tâche supplémentaire ou une réunion.

Contexte personnel :

Comment un ami ou un membre de la famille décline une invitation ou une demande d'aide.

Contexte social :

Comment quelqu'un refuse une sollicitation dans un groupe ou en public.

2. Analysez leur langage verbal

Formulation du refus :

Utilisent-ils des phrases directes ou indirectes ?

Proposent-ils des alternatives ou des explications ?

Exemples :

Direct : "Je ne peux pas participer à ce projet en ce moment."

Indirect : "Ce serait intéressant, mais ce n'est pas possible pour moi actuellement."

3. Observez leur langage non verbal

Posture :

Sont-ils droits, calmes et posés ?

Ton de voix :

Est-il ferme mais respectueux ?

Expression faciale :

Sont-ils souriants ou neutres, sans paraître tendus ?

4. Notez les réactions des autres
Comment leur refus est-il perçu ?

Les autres acceptent-ils leur "non" sans insister ?

Le refus provoque-t-il des tensions ou est-il bien reçu ?

Caractéristiques d'un refus efficace

1. Clarté : Le message est clair et sans ambiguïté.

"Je ne peux pas participer cette fois-ci."

2. Respect : Le ton est poli et bienveillant.

"Merci de penser à moi, mais je vais devoir décliner."

3. Explication succincte (si nécessaire) :

"Je suis déjà pris(e) par d'autres engagements."

4. Alternative ou compromis (optionnel) :

"Je ne peux pas, mais peut-être que [nom] peut vous aider."

Exemples concrets d'observation

1. Contexte professionnel

Situation : Un collègue refuse une réunion impromptue.

Observation :

Langage verbal : "Je ne peux pas m'y joindre maintenant, mais je peux lire le compte rendu."

Langage non verbal : Calme, avec un ton neutre et un léger sourire.

Résultat : Le refus est accepté sans insistance.

2. Contexte personnel

Situation : Un ami refuse une invitation à une soirée.

Observation :

Langage verbal : "Merci pour l'invitation, mais j'ai déjà prévu autre chose ce soir."

Langage non verbal : Regard direct, posture détendue.

Résultat : L'ami est compris et la relation reste positive.

3. Contexte social

Situation : Quelqu'un refuse une sollicitation pour un don.

Observation :

Langage verbal : "Je soutiens déjà d'autres causes, mais bonne chance pour votre projet."

Langage non verbal : Ton chaleureux, léger hochement de tête.

Résultat : Le refus est bien reçu grâce à la bienveillance exprimée.

Exercice pratique

Étape 1 : Identifiez une personne qui refuse avec assurance

Trouvez un collègue, un ami ou une personnalité publique connue pour poser des limites claires.

Étape 2 : Observez une situation de refus

Prenez note de leur langage verbal et non verbal.

Étape 3 : Analysez les éléments clés

Quelles phrases utilisent-ils ?

Comment leur ton ou leur posture renforce-t-il leur message ?

Étape 4 : Adaptez à votre style

Inspirez-vous de leurs techniques pour formuler vos propres refus.

Conseils pour observer et apprendre

1. Soyez attentif (Ve) : Notez non seulement ce qui est dit, mais aussi comment c'est dit.

2. Posez des questions : Si vous êtes proche de la personne, demandez-lui comment elle gère les refus.

3. Imitez et personnalisez : Testez les techniques observées et adaptez-les à votre personnalité et à vos situations.

4. Notez vos apprentissages : Créez une liste de phrases et d'attitudes inspirantes pour les utiliser au besoin.

Avantages de cette démarche

1. Développement de vos compétences sociales : Vous apprenez à refuser de manière respectueuse et efficace.

2. Confiance accrue : Vous voyez que dire "non" n'a pas de conséquences négatives lorsqu'il est bien formulé.

3. Amélioration des relations : Un refus clair et respectueux renforce la qualité des interactions.

Conclusion

Observer comment les autres disent "non" est une méthode puissante pour enrichir votre propre approche. En prêtant attention à leur langage, leur attitude et les réactions qu'ils suscitent, vous pouvez développer des techniques adaptées à vos besoins et situations. Rappelez-vous : dire "non" est un art qui s'apprend et se perfectionne grâce à l'observation et à la pratique.

X.2. Prendre des notes sur les techniques de refus que vous trouvez efficaces.

Noter les techniques de refus qui fonctionnent bien est une démarche proactive pour apprendre à dire "non" avec assurance et respect. Ces notes vous permettent de construire une "boîte à outils" personnelle que vous pouvez utiliser dans différentes situations, qu'elles soient professionnelles, sociales ou personnelles.

Pourquoi prendre des notes sur les techniques de refus ?

1. Améliorer votre communication : Vous identifiez ce qui fonctionne et l'adaptez à votre style.

2. Renforcer votre assertivité : En vous inspirant de techniques efficaces, vous gagnez en confiance pour poser vos limites.

3. Préparer des réponses pour l'avenir : Vous créez un répertoire de formulations adaptées à divers contextes.

4. Éviter la culpabilité : Vous apprenez à refuser avec respect et empathie, ce qui réduit les tensions.

Comment prendre des notes sur les techniques de refus ?

1. Observez les situations de refus réussies

Notez comment les autres refusent une demande tout en maintenant des relations positives.

Identifiez les mots, le ton, et l'attitude qui rendent le refus efficace.

Exemple :

Un collègue refuse une tâche supplémentaire en disant :

"Merci de penser à moi, mais je suis déjà engagé(e) sur un autre projet. Peut-être qu'on peut trouver quelqu'un d'autre pour s'en charger."

2. Analysez pourquoi ces techniques fonctionnent

Posez-vous les questions suivantes :

Le refus est-il clair et respectueux ?

Y a-t-il une justification légitime ou une alternative proposée ?

Le ton est-il assertif mais bienveillant ?

Exemple :

Pourquoi cela fonctionne :

Le collègue a montré de la gratitude pour la demande.

Il a expliqué ses priorités et proposé une solution alternative.

3. Testez et personnalisez

Notez les phrases ou stratégies qui vous semblent naturelles et adaptez-les à votre style.
Essayez ces techniques dans vos propres interactions pour voir si elles fonctionnent.

Exemples de techniques de refus efficaces

1. Technique de l'empathie suivie d'un refus clair

Exemple :

"Je comprends que c'est important pour toi, mais je ne peux pas m'engager cette fois-ci."

Pourquoi cela fonctionne :

Vous montrez de l'empathie tout en affirmant vos limites.

2. Technique de la justification simple

Exemple :

"Je suis déjà pris(e) à ce moment-là, je ne peux donc pas accepter cette demande."

Pourquoi cela fonctionne :

Vous donnez une raison légitime sans entrer dans des détails inutiles.

3. Technique de la redirection

Exemple :

"Je ne peux pas m'en occuper, mais peut-être que [nom] pourrait t'aider."

Pourquoi cela fonctionne :

Vous proposez une solution alternative, montrant votre volonté d'aider indirectement.

4. Technique du délai

Exemple :
"Je ne peux pas répondre tout de suite. Laisse-moi réfléchir et je te donne une réponse plus tard."

Pourquoi cela fonctionne :

Vous évitez une réponse impulsive et vous prenez le temps d'évaluer la demande.

5. Technique de la gratitude et du refus

Exemple :

"Merci de penser à moi, mais je ne suis pas disponible pour cela."

Pourquoi cela fonctionne :

Vous exprimez de la gratitude, ce qui adoucit le refus.

Comment organiser vos notes sur les techniques de refus ?

1. Catégorisez par contexte

Professionnel :

Refus de tâches supplémentaires, réunions, projets.

Personnel :

Refus d'invitations, de prêts, de demandes familiales.

Social :

Refus de sorties, de sollicitations d'amis, etc.
2. Classez par style

Refus empathiques.

Refus fermes et assertifs.

Refus avec redirection ou compromis.

3. Notez des phrases prêtes à l'emploi

Créez une liste de phrases que vous pouvez utiliser directement, comme :

"Je ne peux pas cette fois-ci, mais merci de penser à moi."

"Cela ne correspond pas à mes priorités en ce moment."

Exercice pratique : Construire votre répertoire

1. Observez une situation réelle ou fictive où quelqu'un refuse avec succès.

2. Notez les phrases ou techniques utilisées.

Exemple : "Je ne peux pas cette semaine, mais je suis disponible la semaine prochaine."

3. Adaptez-les à votre style.

Exemple personnalisé : "Je ne peux pas participer à cette réunion, mais je peux contribuer avec des idées par courriel."

4. Pratiquez-les régulièrement.

Conseils pour tirer le meilleur parti de vos notes

1. Révisez régulièrement : Relisez vos notes pour vous rappeler des techniques utiles.

2. Expérimentez : Testez différentes approches pour voir celles qui fonctionnent le mieux pour vous.

3. Tenez un journal : Notez les situations où vous avez utilisé une technique de refus et analysez son efficacité.

4. Inspirez-vous des autres : Continuez à observer et enrichir votre répertoire.

Conclusion

Prendre des notes sur les techniques de refus efficaces est une méthode proactive pour développer votre assertivité et apprendre à dire "non" sans culpabilité. En observant, analysant et adaptant ces techniques, vous construirez un répertoire solide pour refuser avec grâce et respect dans toutes les situations. Rappelez-vous : chaque "non" bien formulé est une victoire pour votre équilibre personnel.

X.3. Identifier les situations où les autres refusent avec grâce.

Observer comment les autres refusent avec grâce est une opportunité d'apprendre à poser vos propres limites de manière respectueuse et affirmée. Cela vous permet d'adopter des stratégies efficaces et de comprendre que dire "non" peut renforcer les relations, plutôt que de les nuire.

Pourquoi identifier ces situations ?

1. S'inspirer de modèles : Vous découvrez des façons élégantes et respectueuses de dire "non".

2. Comprendre que le refus peut être bien reçu : Ces observations montrent qu'un "non" peut être accepté sans tension.

3. Renforcer vos compétences : Vous intégrez des techniques pour refuser sans culpabilité ou anxiété.

4. Éviter les conflits : Vous apprenez à refuser tout en préservant les relations

Situations typiques où les autres refusent avec grâce

1. Contexte professionnel

Exemple : Un collègue refuse une tâche supplémentaire.

"Je comprends que tu as besoin d'aide, mais je suis déjà engagé(e) sur un autre projet prioritaire. Je ne peux pas prendre cette tâche en charge pour l'instant."

Pourquoi cela fonctionne :

Le refus est clair, mais respectueux.

Le collègue explique ses priorités sans excuses excessives.

2. Contexte personnel

Exemple : Un ami refuse une invitation.

"Merci pour l'invitation, mais je ne suis pas disponible ce week-end. J'espère qu'on pourra se voir une autre fois."

Pourquoi cela fonctionne :

L'ami exprime de la gratitude et propose une alternative.

Le ton reste chaleureux et non conflictuel.

3. Contexte familial

Exemple : Un parent refuse une demande d'aide non urgente de son enfant.

"Je sais que tu aimerais mon aide, mais je dois me concentrer sur mes propres tâches pour l'instant. On peut voir cela ensemble plus tard."

Pourquoi cela fonctionne :

Le parent montre qu'il écoute, tout en affirmant ses limites.

Il propose un compromis pour plus tard.

4. Contexte social

Exemple : Quelqu'un refuse un café supplémentaire dans un café entre amis.
"Merci, mais je vais passer cette fois-ci. Je préfère m'en tenir à un seul."

Pourquoi cela fonctionne :

Le refus est simple, direct, et dit avec légèreté.

Caractéristiques d'un refus gracieux

1. Clarté : Le refus est exprimé clairement, sans ambiguïté.

2. Empathie : La personne montre qu'elle comprend les besoins ou les attentes de l'autre.

3. Calme et respect : Le ton est posé, sans agressivité ni tension.

4. Alternative (facultatif) : Une proposition ou un compromis est offert lorsque possible.

5. Absence de culpabilité : Le refus est assumé sans longues excuses ou justifications.

Comment observer et apprendre de ces situations ?

1. Identifiez des exemples réels

Repérez des personnes dans votre entourage ou des figures publiques qui refusent avec élégance.

Observez leurs mots, leur attitude et leur langage corporel.

2. Analysez leur comportement

Questions à vous poser :

Comment formulent-ils leur refus ?

Utilisent-ils des justifications ou évitent-ils de s'excuser ?

Comment est leur ton de voix ?

3. Prenez des notes sur ce que vous admirez

Notez les phrases ou approches que vous trouvez efficaces.

Réfléchissez à comment les adapter à votre style personnel.

Exercice pratique : S'inspirer d'un refus gracieux

1. Situation : Un collègue refuse une tâche supplémentaire.

Ce que vous observez :

Le collègue utilise un ton calme et respectueux.

Il explique ses priorités sans se justifier excessivement.

Il propose une alternative en disant : "Peut-être que [autre personne] pourrait s'en charger."

2. Comment l'adopter :

Appliquez cette approche dans votre propre contexte.

Formulez une réponse comme :

"Je suis désolé(e), mais je suis déjà engagé(e) sur un projet prioritaire. Peut-être qu'on peut trouver une autre solution."

Conseils pour intégrer ces apprentissages

1. Pratiquez régulièrement : Testez les approches que vous observez dans des situations de la vie quotidienne.

2. Ajoutez votre touche personnelle : Adaptez les techniques pour qu'elles correspondent à votre style et vos valeurs.

3. Notez vos réussites : Chaque refus bien formulé renforce votre confiance et votre assertivité.

Avantages à long terme

1. Meilleure assertivité : Vous apprenez à dire "non" sans crainte ni culpabilité.

2. Relations renforcées : Vos refus respectueux favorisent des interactions positives.

3. Confiance accrue : Observer des refus gracieux vous montre qu'il est possible de poser des limites sans nuire à vos relations.

Conclusion

Observer et analyser les situations où d'autres refusent avec grâce est une stratégie efficace pour développer vos propres compétences en matière de refus. En intégrant ces techniques à votre style personnel, vous serez capable de poser vos limites avec respect, clarté et assurance. Rappelez-vous : dire "non" avec grâce est un signe de maturité et de respect mutuel.

X.4. Analyser vos sentiments lorsque quelqu'un vous dit "non".

Comprendre vos propres sentiments lorsque vous recevez un refus est une étape clé pour mieux gérer vos émotions et apprendre à dire "non" sans culpabilité. Cette réflexion vous aide à adopter une perspective équilibrée sur le refus, en le percevant comme une partie normale et saine des interactions humaines.

Pourquoi analyser vos sentiments face à un "non" ?

1. Développer de l'empathie : Vous comprenez que tout le monde a des limites, y compris vous.

2. Gérer les émotions négatives : Cela vous aide à identifier et désamorcer des sentiments comme la frustration ou le rejet.

3. Renforcer votre assertivité : En acceptant le "non" des autres, vous serez plus à l'aise pour poser vos propres limites.

4. Apprendre des refus : Chaque "non" peut être une opportunité pour réfléchir à vos attentes et ajuster vos comportements.

Étapes pour analyser vos sentiments face à un "non"

1. Identifiez vos émotions immédiates

Prenez un moment pour observer ce que vous ressentez lorsque vous recevez un refus.

Questions à vous poser :

Est-ce de la déception ?

De la frustration ?

Un sentiment de rejet ou d'injustice ?

Ou bien une compréhension et une acceptation ?

Exemple :

Vous demandez à un ami de vous aider à déménager, et il dit "non".

Émotions immédiates : frustration et peut-être un soupçon de ressentiment.

2. Explorez l'origine de ces émotions

Demandez-vous pourquoi vous ressentez cela.

Questions à explorer :

Est-ce parce que vous vous sentez abandonné(e) ?

Aviez-vous des attentes irréalistes ?

Associez-vous le "non" à un manque d'intérêt ou d'affection ?

Exemple :

"Je me sens frustré(e) parce que j'avais compté sur son aide et maintenant je dois trouver une autre solution."

3. Prenez du recul et rationalisez

Essayez de voir le refus sous un autre angle.

Questions à vous poser :

Cette personne a-t-elle des raisons légitimes pour dire "non" ?

Seriez-vous capable de dire "non" dans une situation similaire ?

Ce refus remet-il vraiment en question votre relation ou vos capacités ?

Exemple :

"Mon ami a peut-être d'autres engagements importants. Ce n'est pas un rejet personnel, c'est juste qu'il a ses propres priorités."

4. Acceptez-le "non" avec maturité

Rappelez-vous que dire "non" est une manière saine de poser des limites.

Essayez d'adopter une attitude de gratitude envers la personne pour son honnêteté.

Exemple :

"Je préfère qu'il soit honnête plutôt qu'il accepte à contrecœur et soit mécontent."

5. Évaluez vos attentes pour l'avenir

Analysez si vos attentes envers cette personne étaient réalistes.

Réfléchissez à la manière dont vous pourriez mieux formuler vos demandes à l'avenir.

Exemple :

"Je vais essayer de demander de l'aide plus tôt la prochaine fois pour éviter de mettre la pression à la dernière minute."

Exercice pratique

1. Identifiez un "non" récent que vous avez reçu.

Notez la situation et la réponse de la personne.

2. Analysez vos émotions.

Écrivez ce que vous avez ressenti sur le moment et pourquoi.

3. Prenez du recul.

Reformulez la situation avec empathie pour l'autre personne.

4. Tirez une leçon.

Identifiez une manière d'aborder différemment une demande similaire à l'avenir.

Exemple complet d'analyse

Situation :

Vous demandez à un collègue de vous aider sur une tâche urgente, et il refuse.

Étape 1 : Identification des émotions

Frustration et sentiment d'abandon.

Étape 2 : Exploration de l'origine

"Je ressens cela parce que je comptais sur lui, et maintenant je dois gérer seul(e)."

Étape 3 : Rationalisation

"Il a peut-être d'autres priorités ou il est déjà surchargé."

"Je peux comprendre, car je suis parfois dans la même situation."

Étape 4 : Acceptation

"C'est mieux qu'il soit honnête. Cela ne remet pas en question notre collaboration."

Étape 5 : Leçon tirée

"Je vais anticiper mes besoins pour éviter les demandes de dernière minute."

Conseils pour réussir

1. Restez calme : Donnez-vous quelques instants pour digérer le refus avant de réagir.

2. Faites preuve d'empathie : Essayez de vous mettre à la place de la personne qui dit "non".

3. Exprimez votre compréhension : Montrez que vous respectez sa décision, même si vous êtes déçu(e).

4. Évitez les jugements : Ne prenez pas le "non" comme une attaque personnelle.

Bénéfices à long terme

1. Renforcement de vos relations : Vous respectez mieux les limites des autres, ce qui favorise des interactions plus saines.

2. Confiance accrue : Vous comprenez que le refus n'est pas un rejet de votre personne.

3. Amélioration de votre assertivité : En acceptant les "non" des autres, vous serez plus à l'aise pour poser vos propres limites.

Conclusion

Analyser vos sentiments face à un "non" est une étape essentielle pour mieux comprendre vos émotions et renforcer vos relations. Cette réflexion vous aide à voir le refus comme un acte naturel et nécessaire, tout en développant votre capacité à dire "non" avec assurance. Rappelez-vous : accepter un "non" est aussi un acte de maturité et de respect.

X.5. Adopter des modèles inspirants qui disent "non" avec assurance.

S'inspirer de modèles qui savent dire "non" avec assurance est une excellente manière d'apprendre à poser vos limites sans culpabilité. Ces modèles montrent qu'il est possible de refuser avec respect, tout en restant authentique et confiant(e).

Pourquoi adopter des modèles inspirants ?

1. Apprendre par l'exemple : Observer des personnes qui savent dire "non" vous aide à comprendre comment formuler un refus assertif.

2. Renforcer votre confiance : Voir d'autres réussir à poser leurs limites sans conséquences négatives peut réduire votre peur de refuser.

3. Adopter des techniques concrètes : Les modèles inspirants offrent des stratégies que vous pouvez adapter à vos situations personnelles.

4. Encourager une mentalité positive : Vous comprenez que dire "non" est un acte de respect envers soi-même et les autres.

Étape 1 : Identifiez des modèles inspirants
Cherchez des personnes dans votre entourage ou parmi des figures publiques qui incarnent l'art de dire "non". Voici quelques catégories de modèles possibles :

1. Dans votre entourage personnel :

Un ami ou un collègue qui sait poser des limites avec tact.

Un mentor ou un manager qui priorise ses engagements avec clarté.

2. Dans des figures publiques :

Des entrepreneurs ou leaders connus pour leur gestion efficace du temps (par exemple, Warren Buffett célèbre pour dire "non" à des opportunités non prioritaires).

Des personnalités qui prônent l'assertivité, comme Brené Brown ou Oprah Winfrey.

3. Dans la fiction :

Des personnages de films, séries ou livres qui savent dire "non" sans culpabilité (par exemple, des leaders confiants ou des héros assertifs).

Étape 2 : Étudiez leurs comportements

Observez et analysez comment ces personnes formulent leurs refus :

Leur langage :

Utilisent-ils des phrases directes ou reformulent-ils la demande ?

Montrent-ils de l'empathie tout en restant fermes ?

Leur attitude :

Sont-ils calmes et posés ?

Utilisent-ils des gestes ou une posture affirmée ?

Leur justification :

Expliquent-ils leurs priorités ou se contentent-ils de dire "non" ?

Proposent-ils des alternatives ou simplement un refus ?

Étape 3 : Adaptez leurs techniques à votre situation

Inspirez-vous de leurs stratégies pour formuler vos propres refus. Voici quelques exemples :

Modèle 1 : Un collègue qui refuse avec clarté

Exemple :

"Je ne peux pas prendre cette tâche supplémentaire, car je suis déjà engagé(e) sur un autre projet prioritaire."

Ce que vous pouvez apprendre :

Être clair(e) sur vos limites et vos priorités.

Utiliser un ton respectueux et direct.

Modèle 2 : Une personnalité publique qui valorise ses priorités

Exemple :

Oprah Winfrey explique souvent qu'elle a appris à dire "non" pour protéger son énergie et son bien-être.

"Dire non à quelque chose qui ne vous nourrit pas est un acte de bienveillance envers vous-même."

Ce que vous pouvez apprendre :
Intégrer l'idée que dire "non" n'est pas égoïste, mais nécessaire pour préserver votre équilibre.

Modèle 3 : Un mentor qui refuse avec empathie

Exemple :

"Je comprends que tu as besoin d'aide, mais je ne peux pas m'en charger cette fois. Peut-être qu'on peut en discuter plus tard."

Ce que vous pouvez apprendre :

Dire "non" tout en montrant de l'empathie pour les besoins de l'autre.

Étape 4 : Pratiquez leurs techniques

1. Imitez leurs formulations :
Essayez leurs phrases dans des situations similaires.

Exemple : "Je ne peux pas m'engager cette fois, merci de comprendre."

2. Adoptez leur langage corporel :

Maintenez une posture droite et un contact visuel.

Parlez avec calme et assurance.

3. Adaptez à votre style :

Trouvez des phrases ou des attitudes qui correspondent à votre personnalité.

Exercices pratiques

1. Choisissez un modèle

Identifiez une personne ou une figure publique qui vous inspire.

2. Analysez une situation réelle ou fictive

Comment cette personne aurait-elle dit "non" dans une situation précise ?

Écrivez une réponse basée sur son style.

3. Mettez en pratique

La prochaine fois que vous devez dire "non", essayez d'incorporer leurs techniques.

Exemples de phrases inspirantes

1. Langage clair et assertif :

"Non, je ne peux pas m'engager sur cela en ce moment."

2. Empathie et respect :

"Je comprends que cela soit important, mais je dois prioriser mes engagements actuels."

3. Fermeté avec une alternative :

"Je ne peux pas cette fois-ci, mais peut-être qu'on peut trouver une autre solution ensemble."

Avantages de cette méthode

1. Renforcement de votre confiance : Vous apprenez à dire "non" sans hésitation.

2. Alignement avec vos priorités : Vous adoptez des habitudes inspirées par des personnes qui réussissent à gérer leur temps et leurs engagements.

3. Amélioration de vos relations : Dire "non" avec respect et empathie renforce la qualité de vos interactions.

Conclusion

Adopter des modèles inspirants qui disent "non" avec assurance est une stratégie efficace pour développer votre assertivité. En observant, en adaptant et en pratiquant leurs techniques, vous apprendrez à poser vos limites avec clarté, respect et confiance. Rappelez-vous : dire "non" est un droit, pas une faiblesse.

XI. Exercices en gestion de temps

XI.1. Planifier vos priorités pour justifier vos refus.

Planifier vos priorités est essentiel pour refuser des demandes de manière claire et respectueuse. Cela vous permet de rester concentré(e) sur ce qui compte vraiment, tout en ayant une explication légitime et alignée avec vos engagements.

Pourquoi planifier vos priorités ?

1. Clarifier vos objectifs : Vous savez ce qui est important et non négociable dans votre emploi du temps.

2. Faciliter vos refus : Vous pouvez justifier vos décisions sans culpabilité en expliquant vos priorités.

3. Gagner en assertivité : En ayant une vision claire de vos engagements, vous affirmez vos limites avec confiance.

4. Éviter la surcharge : Planifier vos priorités vous aide à ne pas accepter plus que ce que vous pouvez gérer.

Étapes pour planifier vos priorités et justifier vos refus

1. Définissez vos priorités à court et long terme

Court terme : Quelles sont vos tâches ou engagements incontournables pour aujourd'hui ou cette semaine ?

Long terme : Quels objectifs personnels ou professionnels souhaitez-vous atteindre dans les prochains mois ?

Exemple :

Priorités personnelles : Prendre soin de votre santé, passer du temps avec votre famille.

Priorités professionnelles : Finir un projet clé, assister à des réunions importantes.

2. Organisez votre emploi du temps autour de ces priorités

Bloquez des créneaux dans votre agenda pour vos tâches et activités prioritaires.

Laissez des marges pour des imprévus, mais évitez de surcharger vos journées.

Exemple :

Matinée : Travail sur un rapport important.

Après-midi : Réunion avec l'équipe.

Soirée : Temps pour vous-même (lecture, méditation, sport).

3. Évaluez les nouvelles demandes par rapport à vos priorités

Quand quelqu'un vous sollicite, posez-vous ces questions :

Est-ce urgent ou important ?

Cela correspond-il à mes objectifs actuels ?

Quel sera le coût en termes de temps et d'énergie ?

Si la demande n'est pas alignée avec vos priorités, envisagez de refuser.

4. Formulez votre refus en expliquant vos priorités

Soyez direct(e) mais respectueux(se).

Mentionnez vos priorités pour justifier votre indisponibilité.

Si possible, proposez une alternative ou un délai.

Exemples de réponses :

"Je suis désolé(e), mais je suis déjà engagé(e) sur un projet important cette semaine."

"Je ne peux pas accepter cette demande en ce moment, car je dois me concentrer sur mes priorités actuelles."

"Merci pour ta proposition, mais mon emploi du temps est déjà bien rempli. Peut-être qu'on pourrait en reparler plus tard."

Exemples concrets

1. Contexte professionnel

Demande : "Peux-tu prendre en charge cette tâche supplémentaire ?"

Réponse :

"Je suis désolé(e), mais je travaille sur un projet clé avec une deadline rapprochée. Je ne peux pas m'engager sur cette tâche pour l'instant."

2. Contexte personnel

Demande : "Tu peux m'aider à déménager ce week-end ?"

Réponse :

"Ce week-end, j'ai prévu de passer du temps avec ma famille, donc je ne pourrai pas t'aider. J'espère que tu trouveras quelqu'un d'autre."

3. Contexte social

Demande : "Viens à cette fête ce soir !"

Réponse :

"Merci pour l'invitation, mais je suis fatigué(e) et j'ai besoin de me reposer pour être en forme demain."

Conseils pour réussir

1. Soyez transparent(e) : Il n'est pas nécessaire de détailler vos priorités, mais mentionnez-les de manière générale.

2. Restez ferme : Une fois vos priorités définies, ne cédez pas à la pression ou à la culpabilité.

3. Pratiquez l'équilibre : Planifiez vos priorités sans vous oublier, en incluant du temps pour vous-même.

4. Adaptez-vous aux imprévus : Si une urgence réelle survient, réajustez vos priorités en conséquence.

Exercice pratique

1. Listez vos priorités actuelles.

Par exemple : Finir un rapport, prendre du temps pour votre santé, passer du temps avec vos proches.

2. Simulez une demande imprévue.

Par exemple : Un collègue vous demande de l'aider sur une tâche supplémentaire.

3. Rédigez une réponse basée sur vos priorités.

"Je ne peux pas m'en occuper cette fois-ci, car je suis déjà engagé(e) sur un projet prioritaire."

Avantages à long terme

1. Clarté dans vos décisions : Vous savez pourquoi vous dites "oui" ou "non".

2. Meilleure gestion du temps : Vos journées sont organisées autour de ce qui compte vraiment.

3. Confiance renforcée : Vous apprenez à dire "non" sans culpabilité, car vous respectez vos engagements.

Conclusion

Planifier vos priorités vous permet de justifier vos refus de manière claire et respectueuse. C'est une habitude essentielle pour protéger votre temps, préserver votre énergie et atteindre vos objectifs personnels et professionnels. Rappelez-vous : chaque "non" est une opportunité de dire "oui" à ce qui compte vraiment

XI.2. Utiliser un agenda pour bloquer du temps pour vous.

Bloquer du temps dans votre agenda pour vous-même est une méthode efficace pour protéger vos priorités, éviter les surcharges et renforcer votre équilibre personnel. Cela vous permet de mieux gérer votre emploi du temps tout en préservant des moments pour vos besoins personnels.

Pourquoi bloquer du temps pour vous dans votre agenda ?

1. Préserver votre énergie : Ces moments vous permettent de recharger vos batteries, physiquement et mentalement.

2. Éviter les interruptions : Un agenda structuré indique clairement aux autres (et à vous-même) que ce temps est réservé.

3. Prioriser vos besoins : Bloquer du temps montre que vos besoins sont tout aussi importants que ceux des autres.

4. Réduire le stress : Savoir que vous avez des moments pour vous dans la journée ou la semaine allège la pression.

Comment bloquer du temps pour vous dans un agenda ?

1. Identifiez vos besoins personnels

Réfléchissez aux activités ou moments qui vous ressourcent :

Temps de repos ou méditation

Lecture ou apprentissage personnel

Exercice physique

Sorties ou loisirs

Moments en famille ou avec des amis
2. Choisissez des créneaux fixes

Analysez votre emploi du temps pour repérer les moments où vous pouvez vous accorder du temps.

Privilégiez des créneaux réguliers pour instaurer une habitude, par exemple :

Une heure chaque matin pour méditer ou pratiquer du sport

Un après-midi par semaine pour un loisir

Des pauses de 15 minutes entre des tâches importantes

3. Inscrivez-les dans votre agenda

Utilisez un agenda papier ou numérique. Si vous travaillez dans un environnement partagé, optez pour un agenda numérique avec des options de confidentialité.

Donnez un titre explicite à ces créneaux pour renforcer votre engagement :

"Temps pour moi"

"Pause méditation"

"Séance de sport"

4. Traitez ces créneaux comme des rendez-vous non négociables

Considérez vos moments bloqués comme des engagements avec vous-même, tout aussi importants que des rendez-vous professionnels ou familiaux.

Refusez poliment les demandes qui empiètent sur ces créneaux :
"Je ne suis pas disponible à ce moment-là, mais je peux m'en occuper après [heure]."

5. Soyez flexible si nécessaire

Si une urgence survient, reprogrammez votre moment plutôt que de l'annuler.

L'objectif est de maintenir un équilibre, pas de rigidité excessive.

Exemple de planification dans un agenda

Exemples de réponses à des sollicitations durant ces moments

1. Demande professionnelle :

"Peux-tu m'appeler à 18h ?"

Réponse : "Je suis pris(e) à ce moment-là, mais je suis disponible à 18h30."

2. Demande personnelle :

"Tu peux passer ce week-end ?"

Réponse : "Je ne peux pas samedi matin, j'ai déjà quelque chose de prévu, mais je suis libre dans l'après-midi."

Conseils pour réussir

1. Soyez réaliste : Ne surchargez pas votre agenda avec des créneaux impossibles à respecter. Commencez avec des moments courts et augmentez progressivement.

2. Communiquez avec les autres : Faites savoir à votre entourage que ces moments sont importants pour vous.

3. Revoyez votre agenda régulièrement : Ajustez vos créneaux en fonction de vos priorités et de votre énergie.

Avantages à long terme

1. Meilleure gestion du stress : Vous avez des moments réguliers pour décompresser.

2. Augmentation de votre productivité : Être reposé(e) et aligné(e) avec vos besoins améliore votre efficacité.

3. Satisfaction personnelle : Vous prenez soin de vous sans culpabilité.

Conclusion

Bloquer du temps dans votre agenda pour vous-même est une stratégie puissante pour protéger vos priorités, améliorer votre bien-être et mieux gérer les demandes extérieures. Rappelez-vous : vous êtes votre meilleure ressource, prenez-en soin. En instaurant cette habitude, vous cultiverez un équilibre durable entre vos besoins personnels et vos engagements.

XI.3. Dire "non" à des interruptions non urgentes.

Les interruptions non urgentes peuvent rapidement perturber votre concentration, réduire votre productivité et consommer inutilement votre énergie. Apprendre à dire "non" à ces interruptions de manière respectueuse est essentiel pour protéger votre temps et vos priorités.

Pourquoi dire "non" aux interruptions non urgentes ?

1. Protéger votre concentration : Les interruptions peuvent briser votre élan et rendre vos tâches plus longues à accomplir.

2. Gérer votre énergie : Répondre constamment à des demandes non urgentes peut vous épuiser mentalement.

3. Prioriser vos engagements : En refusant les distractions, vous vous concentrez sur ce qui est réellement important.

4. Établir des limites : Dire "non" de manière respectueuse montre que vous respectez votre temps et invite les autres à en faire autant.

Comment dire "non" efficacement aux interruptions ?

1. Évaluez rapidement l'urgence

Questions à vous poser :

Est-ce vraiment urgent ?

Cette interruption est-elle essentielle pour moi ou pour la personne qui demande ?

Réponse immédiate :

Si ce n'est pas urgent, vous pouvez dire :
"Je suis occupé(e) pour l'instant, mais je peux en parler plus tard."

2. Fixez un moment pour discuter plus tard

Proposez un créneau qui convient à votre emploi du temps. Cela montre que vous n'ignorez pas la demande, mais que vous priorisez vos engagements actuels.

Exemples :

"Je ne peux pas répondre maintenant, mais je serai disponible après [heure]."

"Je suis concentré(e) sur une tâche pour le moment. Peut-on en parler à [moment] ?"

3. Soyez clair et assertif

Évitez les réponses ambiguës qui pourraient inviter la personne à insister.

Exemples :

"Je ne peux pas m'en occuper tout de suite, mais je reviendrai vers toi si nécessaire."

"Je suis désolé(e), mais je ne peux pas être interrompu(e) pour le moment."

4. Utilisez un langage respectueux mais ferme

Montrez que vous appréciez la demande, mais que votre priorité actuelle ne permet pas de répondre à l'interruption.

Exemples :

"Merci de venir me voir, mais je dois terminer ce que je fais en premier."

"Je comprends que c'est important pour toi, mais je suis en train de travailler sur autre chose."

Exemples pratiques de réponses à des interruptions non urgentes

1. Au travail :

Interruption : "Peux-tu m'aider avec ce problème tout de suite ?"

Réponse :

"Je travaille sur un dossier urgent en ce moment. Si ce n'est pas critique, peux-tu m'envoyer un message pour qu'on en parle après [heure] ?"

2. À la maison :

Interruption : "Tu peux m'aider à trouver ça maintenant ?"

Réponse :
"Je suis en train de terminer quelque chose. Peux-tu attendre 15 minutes ?"

3. Par téléphone ou message :

Interruption : "As-tu une minute pour discuter ?"

Réponse :

"Je suis occupé(e) pour l'instant. Peut-on fixer un moment plus tard ?"

Conseils pour mieux gérer les interruptions

1. Créez un environnement propice à la concentration : Si possible, travaillez dans un endroit où vous pouvez minimiser les distractions.

2. Informez les autres de vos priorités : Faites savoir à vos collègues ou proches quand vous êtes concentré(e) sur une tâche importante.

"Je vais travailler sur quelque chose de prioritaire pendant les deux prochaines heures. Merci de me laisser me concentrer."

3. Utilisez des signaux visuels : Par exemple, un casque, un panneau "Ne pas déranger", ou une porte fermée peuvent dissuader les interruptions.

4. Pratiquez la pleine conscience : Apprenez à reconnaître et à gérer votre propre tentation de vous laisser distraire.

Exercice pratique

1. Identifiez une interruption récente que vous auriez pu refuser.

2. Rédigez une réponse respectueuse mais ferme que vous auriez pu donner.

3. Simulez la situation et pratiquez votre réponse à haute voix.

Exemple :

Interruption : Un collègue vous interrompt pendant une réunion pour poser une question non urgente.

Réponse :

"Je suis en plein dans cette réunion, mais je suis disponible après pour en discuter."

Conclusion

Dire "non" aux interruptions non urgentes est un outil puissant pour protéger votre temps et votre énergie. Avec de la pratique, vous apprendrez à poser des limites claires sans nuire à vos relations. Rappelez-vous : dire non à une interruption, c'est dire oui à vos priorités.

XI.4. Refuser une sollicitation en expliquant votre emploi du temps.

Refuser une sollicitation en évoquant votre emploi du temps est une manière respectueuse et assertive de poser vos limites. Cette méthode permet de montrer que votre refus n'est pas personnel, mais simplement lié à vos priorités actuelles.

Pourquoi utiliser cette méthode ?

1. Justification respectueuse : Vous donnez une raison claire et légitime à votre refus, ce qui facilite sa compréhension.

2. Réduction de la culpabilité : En expliquant que vous êtes déjà engagé(e), vous montrez que ce n'est pas un manque d'intérêt ou d'engagement.

3. Préservation de la relation : La personne comprend que votre refus est temporaire et non un rejet personnel.

4. Établissement de limites claires : Cela montre que vous respectez votre emploi du temps et vos priorités.

Structure pour refuser en expliquant votre emploi du temps

1. Exprimez votre compréhension ou gratitude :

"Merci de penser à moi pour cela."

"Je comprends que c'est important pour toi."

2. Mentionnez votre emploi du temps :

"Malheureusement, je suis déjà pris(e) avec [projet, réunion, engagement personnel]."

"Mon emploi du temps est actuellement très chargé."

3. Formulez votre refus :

"Je ne pourrai donc pas m'engager sur cette demande."

4. Ajoutez un mot de soutien ou une alternative (optionnel) :

"J'espère que tu trouveras une solution rapidement."

"Peut-être qu'on pourra collaborer une autre fois."

Exemples de refus en expliquant votre emploi du temps

1. Dans un contexte professionnel

Demande : "Peux-tu m'aider à finaliser ce rapport ?"

Réponse :

"Merci de penser à moi pour cela. Malheureusement, je suis déjà très pris(e) avec mes propres projets cette semaine. Je ne pourrai pas t'aider cette fois."

(Optionnel) : "Peut-être que [nom] serait disponible pour te donner un coup de main."

2. Dans un contexte personnel

Demande : "Tu veux venir m'aider à préparer ma fête ce week-end ?"

Réponse :

"Je suis vraiment content(e) que tu m'aies invité(e) à participer, mais mon emploi du temps est déjà bien rempli ce week-end. Je ne pourrai pas être là pour t'aider."

(Optionnel) : "J'espère que tout se passera bien, et je suis sûr(e) que tu vas organiser une super fête."

3. Dans un contexte social

Demande : "Tu veux venir à cette soirée vendredi ?"

Réponse :

"Merci pour l'invitation, c'est très gentil. Malheureusement, j'ai déjà un engagement ce soir-là et je ne pourrai pas venir."

(Optionnel) : "Une prochaine fois, j'aimerais beaucoup !"

4. Dans un contexte familial

Demande : "Peux-tu garder les enfants samedi ?"

Réponse :

"Je comprends que tu as besoin d'aide, mais mon emploi du temps est déjà chargé ce week-end. Je ne pourrai pas m'en occuper."

(Optionnel) : "Peut-être qu'on peut réfléchir ensemble à une autre solution."

Conseils pour réussir

1. Soyez honnête : Ne créez pas de faux engagements ; il suffit de dire que vous êtes déjà pris(e).

2. Soyez clair(e) et direct(e) : Évitez les phrases ambiguës qui laissent entendre un possible "oui".

3. Adoptez un ton respectueux : Votre refus sera mieux reçu si vous restez bienveillant(e) et empathique.

4. Évitez les justifications excessives : Une explication simple de votre emploi du temps suffit, inutile d'entrer dans les détails.

Exercice pratique

1. Identifiez une demande fictive ou réelle.

2. Rédigez une réponse en trois étapes :

Exprimez votre gratitude ou votre compréhension.

Expliquez brièvement votre emploi du temps.

Formulez un refus clair.

Exemple d'exercice :

Demande : "Peux-tu m'aider à réorganiser mes dossiers demain ?"

Réponse :

"Merci de penser à moi pour ça. Malheureusement, je suis déjà pris(e) par mes propres tâches demain. Je ne pourrai pas t'aider cette fois-ci, désolé(e)."

Conclusion

Refuser une sollicitation en expliquant votre emploi du temps est une manière assertive et respectueuse de poser vos limites. Cette méthode vous permet de refuser sans culpabilité, tout en maintenant des relations positives et en protégeant vos priorités. Rappelez-vous : dire non à une demande, c'est souvent dire oui à vos engagements et à votre bien-être.

XI.5. Évaluer le coût de dire "oui" en termes de temps et d'énergie.

Dire "oui" à une demande peut sembler inoffensif sur le moment, mais il est important d'évaluer les impacts que cela peut avoir sur votre temps, votre énergie et vos priorités. Une analyse approfondie vous aidera à prendre des décisions éclairées et à éviter de vous surcharger inutilement.

Pourquoi évaluer le coût de dire "oui" ?

1. Préserver votre énergie : Chaque engagement prend de l'énergie mentale, émotionnelle ou physique.
2. Gérer votre temps : Dire "oui" signifie consacrer une partie de votre journée ou de votre emploi du temps à une nouvelle tâche.

3. Éviter l'épuisement : Accepter trop de demandes peut conduire à une surcharge qui nuit à votre bien-être et à votre productivité.

4. Aligner vos décisions sur vos priorités : Cela vous permet de dire "oui" aux bonnes choses et de refuser ce qui n'est pas essentiel.

Étape 1 : Identifier la demande et son contexte

Quelle est la demande ?

Exemple : "Peux-tu participer à ce projet ?" ou "Peux-tu m'aider à organiser cet événement ?"

Qui demande ?

Est-ce une personne importante pour vous ou une simple connaissance ?

Le contexte :

Est-ce une demande urgente ou quelque chose de non essentiel ?
Étape 2 : Évaluer le coût en termes de temps

Posez-vous ces questions :

1. Combien de temps cela va-t-il me prendre ?

Est-ce une tâche ponctuelle (1 heure) ou un engagement prolongé (plusieurs semaines) ?

2. Cela empiète-t-il sur d'autres activités importantes ?

Devez-vous sacrifier du temps pour vos priorités ou vos loisirs ?

3. Y a-t-il un deadline spécifique ?

Une demande avec un délai court peut être plus stressante.

Étape 3 : Évaluer le coût en termes d'énergie

Posez-vous ces questions :

1. Est-ce une tâche qui me motive ou qui me pèse ?

Certaines tâches peuvent être épuisantes émotionnellement ou mentalement.

2. Ai-je la capacité énergétique pour m'y consacrer ?

Si vous êtes déjà fatigué(e) ou stressé(e), un "oui" peut aggraver votre état.

3. Quelle est la nature de cette demande ?

Est-elle exigeante (créativité, force physique) ou simple (répondre à un courriel) ?

Étape 4 : Évaluer les conséquences possibles

1. Qu'arrivera-t-il si je dis "oui" ?

Vais-je devoir sacrifier mes priorités ?

Risque-t-il d'y avoir un effet domino (d'autres tâches découlant de ce "oui") ?

2. Qu'arrivera-t-il si je dis "non" ?

La personne sera-t-elle déçue, ou trouvera-t-elle une alternative facilement ?

Est-ce que dire "non" protège mes ressources pour ce qui est essentiel ?

Étape 5 : Faites un bilan coût-bénéfice

Coût :

Temps à consacrer, énergie dépensée, priorités sacrifiées.

Bénéfices :

Relations renforcées, opportunités créées, satisfaction personnelle.

Exemple d'analyse :

Demande : "Peux-tu animer cette réunion supplémentaire ?"

Coût : 3 heures de préparation + énergie mentale importante.

Bénéfices : Valorisation professionnelle, meilleure visibilité auprès de l'équipe.

Décision : Accepter si cela s'aligne avec vos objectifs professionnels. Refuser si cela surcharge votre emploi du temps.

Étape 6 : Formulez votre décision

1. Si vous dites "oui", fixez des limites claires :

"Je peux aider, mais uniquement sur cette partie du projet."

"Je suis disponible pour une heure, mais pas plus."

2. Si vous dites "non", soyez respectueux et direct :
"Je ne peux pas accepter cette demande pour le moment, mais merci de penser à moi."

"Je suis désolé(e), mais je dois prioriser mes engagements actuels."

Exercice pratique

1. Prenez une demande récente ou fictive.

2. Analysez-la en répondant aux questions suivantes :

Temps nécessaire : Combien de temps cela va-t-il prendre ?

Énergie demandée : Est-ce que cela va me fatiguer ou m'enthousiasmer ?

Conséquences : Cela risque-t-il de perturber mes priorités ou mon équilibre ?

3. Décidez si vous acceptez ou refusez.

Conseils pour réussir

1. Soyez honnête avec vous-même : Ne sous-estimez pas le temps ou l'énergie nécessaires.

2. Utilisez des outils : Un agenda ou une liste de priorités peut vous aider à évaluer rapidement votre disponibilité.

3. Apprenez à dire "non" sans culpabilité : Rappelez-vous que refuser une demande est souvent nécessaire pour préserver votre bien-être.

Conclusion

Évaluer le coût de dire "oui" en termes de temps et d'énergie est une habitude essentielle pour éviter la surcharge et rester aligné(e) avec vos priorités. Avec cette pratique, vous apprendrez à dire "oui" seulement quand cela a du sens pour vous et à refuser sans culpabilité ce qui ne correspond pas à vos besoins. Rappelez-vous : chaque "oui" est un engagement, chaque "non" est une affirmation de vos limites.

XII. Exercices en pleine conscience

XII.1. Pratiquer la méditation pour mieux gérer le stress lié au refus.

Refuser une demande peut être une source de stress, notamment si cela engendre des sentiments de culpabilité, de peur du rejet ou d'inconfort. La méditation est une pratique efficace pour calmer l'esprit, relâcher les tensions et cultiver une attitude plus sereine face aux refus.

Pourquoi utiliser la méditation pour gérer le stress lié au refus ?

1. Réduction immédiate du stress : La méditation aide à diminuer les émotions négatives qui peuvent survenir après avoir dit "non".

2. Renforcement de l'assertivité : Elle favorise une meilleure connexion avec vos valeurs, ce qui vous permet de poser vos limites avec plus de confiance.
3. Clarté mentale : La méditation améliore votre capacité à réfléchir avant de répondre, réduisant ainsi les décisions impulsives.

4. Gestion des émotions : Elle vous aide à observer vos sentiments sans vous y attacher, limitant la culpabilité ou l'anxiété.

Une séance de méditation guidée pour gérer le stress lié au refus

Durée : 5 à 10 minutes

Lieu : Un endroit calme, où vous ne serez pas dérangé(e).

Étape 1 : Préparez-vous

1. Installez-vous confortablement :

Asseyez-vous sur une chaise ou un coussin, ou allongez-vous si vous préférez.

Gardez le dos droit, les épaules relâchées et les mains posées sur vos genoux ou votre ventre.

2. Fermez les yeux :
Cela aide à vous recentrer sur votre monde intérieur.

Étape 2 : Respiration consciente

1. Inspirez profondément par le nez en comptant jusqu'à 4.

2. Retenez votre souffle pendant 2 secondes.

3. Expirez lentement par la bouche en comptant jusqu'à 6.

4. Répétez ce cycle 3 à 5 fois.

Objectif : Relâcher les tensions et signaler à votre corps qu'il peut se détendre.

Étape 3 : Observation des émotions

1. Portez votre attention sur les émotions qui surviennent :

Ressentez-vous de la culpabilité, de l'anxiété ou du doute ?

Observez ces émotions sans essayer de les changer ou de les juger.

2. Imaginez que chaque émotion est comme un nuage dans le ciel :

Voyez-la passer doucement, sans qu'elle s'attarde.

Affirmation : "Ce que je ressens est temporaire. Je peux l'accueillir et la laisser partir."

Étape 4 : Visualisation apaisante

1. Imaginez un endroit calme et sécurisant : une plage, une forêt, un jardin.

2. Visualisez-vous marchant dans cet endroit, en sentant la sérénité s'installer en vous.

3. Imaginez une lumière douce qui entoure votre corps, dissipant toute tension ou culpabilité.

Affirmation : "Dire non est un acte de respect envers moi-même et les autres."

Étape 5 : Retour à l'instant présent

1. Prenez une dernière respiration profonde.

2. Bougez doucement vos doigts et vos orteils.

3. Ouvrez les yeux lentement et regardez autour de vous.

4. Remerciez-vous d'avoir pris ce moment pour vous.

Conseils pour intégrer la méditation à votre routine

1. Pratiquez régulièrement : Méditez quotidiennement pour renforcer votre sérénité face aux refus.

2. Soyez patient(e) : Si votre esprit vagabonde, ramenez doucement votre attention sur votre respiration.

3. Utilisez des applications ou vidéos : Des guides audio peuvent vous aider à méditer plus facilement.

4. Adaptez la durée : Même 2 minutes de méditation peuvent faire une différence.

Exercice complémentaire : Méditation sur l'assertivité

Imaginez une situation où vous devez dire "non".

Visualisez-vous répondant calmement, avec assurance et respect.

Ressentez la confiance et la légèreté qui suivent votre refus.

Affirmation à répéter :
"Je suis capable de poser mes limites sans culpabilité."

"Dire non est une manière de me respecter et de respecter les autres."

Bénéfices à long terme

Réduction de la culpabilité : Vous apprenez à accepter vos décisions sans regret.

Meilleure gestion du stress : Vous restez calme et centré(e), même face à des sollicitations pressantes.

Renforcement de l'alignement personnel : Vous développez une meilleure connexion avec vos besoins et vos valeurs.

Conclusion

La méditation est un outil puissant pour gérer le stress et les émotions liés au refus. En pratiquant régulièrement, vous cultiverez une attitude plus sereine et affirmée face aux demandes extérieures. Rappelez-vous : prendre soin de votre bien-être mental est une priorité, tout comme dire "non" quand cela est nécessaire.

XII.2. Analyser vos sensations corporelles après avoir dit "non".

Dire "non" peut provoquer des réactions physiques, car refuser une demande peut déclencher des émotions comme la culpabilité, la peur du rejet ou, au contraire, un soulagement. Observer vos sensations corporelles après un refus vous aide à mieux comprendre vos émotions et à renforcer votre assertivité.

Pourquoi analyser vos sensations corporelles après un refus ?

1. Identifier vos émotions : Votre corps peut révéler des tensions ou des soulagements liés à vos sentiments inconscients.

2. Réduire le stress : Prendre conscience de vos sensations aide à relâcher les tensions inutiles.

3. Renforcer votre confiance : Comprendre vos réactions physiques vous permet de mieux gérer vos refus à l'avenir.

4. Évaluer votre alignement : Votre ressenti physique peut indiquer si votre "non" était en accord avec vos valeurs.

Étape 1 : Faites une pause après avoir dit "non"

Prenez un moment de calme après avoir refusé une demande pour vous concentrer sur votre corps.

Asseyez-vous ou restez debout en position détendue.

Respirez profondément trois fois. Inspirez par le nez et expirez lentement par la bouche.

Étape 2 : Faites un scan corporel

Passez en revue chaque partie de votre corps pour identifier les sensations. Posez-vous les questions suivantes :

1. Tête et visage :

Ressentez-vous des tensions dans les mâchoires ou les tempes ?
Votre visage est-il détendu ou crispé ?

2. Épaules et cou :

Vos épaules sont-elles levées ou relâchées ?

Avez-vous des raideurs dans le cou ?

3. Poitrine et respiration :

Votre respiration est-elle fluide ou saccadée ?

Ressentez-vous une pression ou une légèreté dans la poitrine ?

4. Estomac :

Avez-vous une boule dans le ventre ou une sensation de confort ?

Ressentez-vous de la tension ou des nœuds ?

5. Mains et jambes :

Vos mains tremblent-elles ou sont-elles détendues ?

Vos jambes sont-elles agitées ou stables ?

Étape 3 : Interprétez vos sensations

Associez vos sensations corporelles aux émotions que vous pourriez ressentir

1. Tension ou raideur :

Peut indiquer de la culpabilité, de la peur ou un inconfort.

2. Respiration rapide ou superficielle :

Signe de stress ou d'anxiété lié au refus.

3. Soulagement ou légèreté :

Montre que vous êtes aligné(e) avec votre décision.

4. Pression dans le ventre ou la poitrine :

Peut signaler une inquiétude ou une peur du jugement.

Étape 4 : Apprenez à apaiser vos tensions

Si vous identifiez des tensions, utilisez des techniques pour les relâcher :

1. Respiration profonde :

Inspirez lentement, retenez votre souffle quelques secondes, puis expirez doucement.

2. Étirements doux :

Faites rouler vos épaules ou inclinez doucement la tête pour détendre votre cou.

3. Relaxation progressive :

Contractez et relâchez chaque partie de votre corps, en commençant par les pieds jusqu'à la tête.

4. Ancrage physique :

Posez vos pieds fermement au sol et ressentez la stabilité qu'ils vous offrent.

Étape 5 : Réfléchissez à vos ressentis

Prenez quelques instants pour analyser votre expérience :

Votre corps était-il tendu ou détendu après votre refus ?

Votre réaction physique correspond-elle à ce que vous ressentez émotionnellement ?

Qu'avez-vous appris sur votre confort à dire "non" ?

Exemple d'analyse :

Situation : Vous avez refusé d'aider un collègue sur un projet.

1. Sensations corporelles : Vous ressentez une légère pression dans la poitrine et vos épaules sont tendues.

2. Interprétation : Vous craignez peut-être que votre collègue pense que vous n'êtes pas coopératif (Ve).

3. Action : Respirez profondément et rappelez-vous que votre refus est justifié. Vous avez le droit de prioriser vos propres responsabilités.

1. Soyez curieux(se) : Observez vos sensations sans jugement.

2. Pratiquez régulièrement : Plus vous serez attentif (Ve) à votre corps, plus vous comprendrez vos réactions.

3. Notez vos observations : Tenez un journal pour suivre l'évolution de vos ressentis après vos refus.

Conclusion

Analyser vos sensations corporelles après avoir dit "non" est un outil précieux pour mieux comprendre vos émotions et renforcer votre assertivité. Avec la pratique, vous apprendrez à reconnaître vos tensions, à les apaiser, et à ressentir plus de sérénité dans vos refus. Rappelez-vous : votre corps est un guide pour évaluer votre bien-être et votre alignement.

XII.3. Observer vos pensées automatiques face à une demande.

Les pensées automatiques sont des réactions spontanées et souvent inconscientes qui surgissent lorsque vous recevez une demande. Elles influencent votre décision de dire "oui" ou "non", parfois sans réflexion approfondie. Apprendre à les identifier et à les comprendre est une étape essentielle pour répondre de manière alignée avec vos besoins et vos priorités.

Pourquoi observer vos pensées automatiques ?

1. Identifier les schémas répétitifs : Vous comprenez pourquoi vous répondez souvent "oui" par réflexe.

2. Éviter les décisions impulsives : Vous prenez le temps d'évaluer vos réponses plutôt que d'agir par habitude.
3. Gérer la culpabilité : Vous reconnaissez les pensées qui génèrent une peur du rejet ou de la culpabilité.

4. Renforcer votre assertivité : Vous développez des réponses plus réfléchies et alignées avec vos valeurs.

Étape 1 : Reconnaître les pensées automatiques

Lorsque vous recevez une demande, prenez un instant pour noter les pensées qui surgissent spontanément. Voici quelques exemples courants :

"Si je dis non, je vais décevoir cette personne."

"Je dois dire oui pour qu'ils m'apprécient."

"Je ne peux pas refuser, ce serait égoïste."

"Je vais sembler incompétent(e) si je dis non."

Étape 2 : Questionner ces pensées
Examinez vos pensées automatiques en vous posant des questions pour évaluer leur validité :

1. Est-ce que cette pensée est basée sur un fait ou une peur ?

"Suis-je certain(e) que cette personne sera déçue si je dis non ?"

2. Quelle serait la conséquence réelle de mon refus ?

"Est-ce si grave si je refuse cette demande ?"

3. Est-ce que je réponds par obligation ou par choix ?

"Est-ce que je veux vraiment dire oui, ou est-ce par pression ?"

4. Comment puis-je répondre tout en respectant mes limites ?

"Puis-je offrir une alternative ou simplement dire non avec bienveillance ?"

Étape 3 : Réécrire vos pensées de manière constructive

Transformez vos pensées automatiques en affirmations plus rationnelles et positives.
Pensée automatique : "Je vais décevoir si je dis non."

Pensée constructive : "Dire non ne diminue pas ma valeur. J'ai le droit de protéger mon temps."

Pensée automatique : "Je dois dire oui pour être gentil(le)."

Pensée constructive : "Dire non est aussi un acte de respect pour moi-même et pour l'autre."

Étape 4 : Observer vos émotions associées

Identifiez les émotions qui accompagnent vos pensées automatiques. Par exemple :

"Je ressens de la culpabilité parce que je pense que dire non est égoïste."

"Je ressens de l'anxiété car j'ai peur que mon refus crée un conflit."

Acceptez ces émotions sans jugement et rappelez-vous qu'elles sont normales.

Étape 5 : Prendre du recul avant de répondre

Utilisez une méthode simple pour créer une pause avant de répondre à la demande :

1. Respirez profondément : Prenez quelques secondes pour vous recentrer.

2. Formulez une phrase de réflexion :

"Merci pour cette demande, je vais y réfléchir et te répondre bientôt."

"Je vais voir si cela me convient et je te tiens informé(e)."

Exemple pratique :

Demande :

Votre collègue vous demande de prendre en charge une partie de son travail.

Pensées automatiques :

"Si je dis non, il va penser que je ne suis pas collaboratif (Ve)."

"C'est ma responsabilité d'aider."

Questionnement :

"Est-ce vraiment ma responsabilité ? N'a-t-il pas d'autres options ?"

"Quelles sont mes priorités actuellement ?"

Pensée réécrite :

"Je peux dire non tout en restant respectueux(se). Mon refus ne remet pas en question ma collaboration."

Réponse réfléchie :

"Je comprends que tu as besoin d'aide, mais je ne peux pas prendre cela en charge en ce moment. Peut-être qu'on peut en discuter avec l'équipe pour trouver une autre solution."

Conseils pour observer vos pensées automatiques

1. Tenez un journal : Notez les demandes reçues et les pensées qui vous traversent l'esprit. Analysez-les régulièrement.

2. Pratiquez la pleine conscience : Prenez l'habitude de faire une pause pour observer vos pensées sans agir immédiatement.

3. Soyez patient(e) : Changer vos réflexes demande du temps et de la pratique.

Conclusion

Observer vos pensées automatiques face à une demande est une étape essentielle pour mieux comprendre vos réactions et répondre de manière alignée avec vos besoins. Avec de la pratique, vous serez en mesure de transformer vos réflexes en décisions réfléchies, renforçant ainsi votre assertivité et votre bien-être. Rappelez-vous : vos pensées automatiques ne définissent pas vos actions.

XII.4. Faire une pause avant de répondre à une sollicitation.

Prendre une pause avant de répondre à une demande est une technique simple et efficace pour éviter les réponses impulsives. Cela vous permet de réfléchir à vos priorités, d'évaluer vos capacités et de formuler une réponse claire et respectueuse.

Pourquoi faire une pause avant de répondre ?

1. Réduire la pression : Une pause vous libère de l'urgence de donner une réponse immédiate.

2. Clarifier vos priorités : Vous avez le temps de vérifier si dire "oui" ou "non" est aligné avec vos besoins.

3. Éviter les regrets : Cela limite les engagements précipités que vous pourriez regretter par la suite.

4. Renforcer votre assertivité : Vous montrez que vous prenez le temps de réfléchir à votre réponse.

Comment faire une pause efficacement ?

1. Donnez-vous la permission de ne pas répondre immédiatement

Vous n'êtes pas obligé(e) de répondre sur-le-champ. Une simple phrase peut créer cet espace de réflexion.

Exemples :

"Je vais y réfléchir et je te reviens rapidement."

"Donne-moi un moment pour évaluer mes disponibilités."

"Je vais devoir y réfléchir avant de te donner une réponse."

2. Prenez un moment pour analyser la demande

Posez-vous des questions clés :

Est-ce que cette demande est alignée avec mes priorités actuelles ?

Ai-je la capacité (temps, énergie, ressources) d'y répondre ?
Quelles conséquences aurait un "oui" ou un "non" ?

3. Utilisez cette pause pour formuler une réponse réfléchie

Si vous décidez de refuser :

Prenez le temps de structurer votre refus de manière respectueuse.

Exemple :
"Après réflexion, je vais devoir décliner cette fois. Merci de penser à moi."

Si vous décidez d'accepter :

Fixez des limites claires dès le début.

Exemple :
"Je peux aider, mais uniquement pour [délai ou tâche précise]."

Exemples de pauses dans différents contextes

1. Contexte professionnel

Demande : "Peux-tu prendre en charge ce dossier ?"

Réponse :

"Je vais vérifier mes priorités actuelles et je te tiens informé(e) avant la fin de la journée."

2. Contexte personnel

Demande : "Tu pourrais m'aider à organiser cette fête ?"

Réponse :

"Laisse-moi réfléchir à ce que je peux faire et je te dis ça demain."

3. Contexte familial

Demande : "Peux-tu garder les enfants samedi ?"

Réponse :

"Je vais voir comment organiser mon emploi du temps, et je te donne une réponse bientôt."

Conseils pour réussir

1. Restez ferme : Ne cédez pas à la pression si on insiste pour une réponse immédiate.

2. Soyez réaliste : Utilisez cette pause pour évaluer honnêtement vos capacités et vos priorités.

3. Fixez un délai : Informez l'autre personne du moment où vous donnerez votre réponse.

"Je reviens vers toi demain matin avec ma décision."

Exercice pratique

1. Identifiez une situation où vous pourriez être sollicité(e)

2. Préparez une phrase pour demander du temps avant de répondre.

3. Simulez la conversation en vous entraînant à formuler cette pause.

Exemple d'exercice :

Demande fictive : "Peux-tu participer à ce projet supplémentaire ?"

Réponse :

"Je vais réfléchir à mes priorités et je te donne une réponse d'ici demain après-midi."

Avantages de cette approche

Moins de stress : Vous avez le temps de réfléchir sans pression.

Meilleure communication : Vos réponses sont claires, réfléchies et alignées avec vos besoins.
Renforcement de vos limites : Vous montrez que vous respectez votre temps et vos ressources.

Conclusion

Faire une pause avant de répondre à une sollicitation est un outil puissant pour protéger votre temps, votre énergie et vos priorités. Avec la pratique, cette habitude deviendra naturelle et vous aidera à gérer vos engagements avec sérénité. Rappelez-vous : prendre un instant pour réfléchir est un acte de respect envers vous-même.

XII.5. Respirer profondément avant de dire "non".

Prendre une respiration profonde avant de refuser une demande est une méthode simple mais efficace pour gérer le stress, vous recentrer, et formuler un refus clair et respectueux. Voici pourquoi et comment adopter cette habitude.

Pourquoi respirer avant de dire "non" ?

1. Réduire le stress : Une respiration profonde diminue l'anxiété et vous aide à rester calme

2. Éviter les réponses impulsives : Elle vous donne un instant pour réfléchir à votre réponse.

3. Renforcer votre confiance : Vous abordez la situation avec plus de clarté et d'assurance.

4. Garder le contrôle émotionnel : Cela vous permet d'exprimer un "non" sans colère ni culpabilité.

Comment respirer profondément avant de dire "non" ?

1. Prenez une respiration abdominale

Inspirez lentement par le nez en comptant jusqu'à 4.

Laissez votre ventre se gonfler, pas votre poitrine.

Retenez votre souffle pendant 2 à 3 secondes.

Expirez doucement par la bouche en comptant jusqu'à 6.

Durée : Une ou deux respirations suffisent pour vous calmer.

2. Reformulez mentalement votre réponse

Utilisez le moment de la respiration pour structurer votre refus dans votre esprit.

Posez-vous des questions :

"Qu'est-ce qui est important pour moi ici ?"

"Comment puis-je dire non de manière respectueuse ?"

3. Adoptez une posture détendue

Pendant votre respiration, relâchez vos épaules et tenez-vous droit(e). Une posture détendue et ouverte renforce votre assertivité.

Exemples pratiques

1. Dans un contexte professionnel

Situation : Votre collègue vous demande de l'aider sur un projet urgent.

Action : Prenez une respiration profonde avant de répondre :

"Je comprends ton besoin, mais je ne peux pas m'engager sur cette tâche en ce moment. Merci de comprendre."

2. Dans un contexte personnel

Situation : Un ami vous invite à une sortie, mais vous êtes épuisé(e).

Action : Respirez profondément, puis dites :

"Merci pour l'invitation, mais je vais devoir refuser ce soir pour me reposer."

3. Dans un contexte familial

Situation : Un membre de votre famille vous demande un service que vous ne pouvez pas rendre.

Action : Prenez une respiration pour vous recentrer, puis dites :

"Je suis désolé(e), mais je ne peux pas m'occuper de cela cette fois-ci. J'espère que tu trouveras une solution."

Conseils pour réussir

1. Pratiquez la respiration consciente : Familiarisez-vous avec cette technique pour qu'elle devienne un réflexe.

2. Prenez votre temps : N'hésitez pas à dire : "Donne-moi une seconde pour réfléchir." Cela vous donne le temps de respirer sans pression.

3. Combinez avec un ton calme : Votre respiration profonde se reflétera dans votre voix, rendant votre refus plus posé.

Avantages à long terme

Moins de stress : Vous apprenez à dire "non" sans culpabilité ou anxiété. Meilleure communication : Vos refus sont plus clairs et respectueux.

Renforcement de votre assertivité : Vous gagnez en confiance en affirmant vos limites.

Exercice pratique

1. Identifiez une situation fictive où vous avez du mal à dire "non".

2. Respirez profondément en suivant la méthode ci-dessus.

3. Formulez un refus clair et respectueux après votre respiration.

4. Répétez cet exercice régulièrement pour développer cette habitude.

Conclusion

Respirer profondément avant de dire "non" est une technique simple mais puissante pour gérer vos émotions, clarifier vos pensées, et répondre avec assurance. Rappelez-vous : un instant de calme peut transformer un moment difficile en une communication respectueuse et efficace.

XIII. Exercices en communication non violente

XIII.1. Exprimer vos besoins avant de dire "non".

Exprimer vos besoins avant de refuser une demande vous permet de clarifier votre position, de rendre votre refus plus compréhensible, et de renforcer la bienveillance dans vos interactions. Voici comment le faire de manière simple et respectueuse.

Pourquoi exprimer vos besoins avant de dire "non" ?

1. Clarifier vos priorités : Cela montre que votre refus est basé sur des besoins légitimes et non sur un rejet de la personne.
2. Renforcer vos limites : Vous affirmez vos besoins de manière saine, ce qui aide l'autre à mieux les respecter.

3. Préserver la relation : Expliquer vos motivations montre que votre décision n'est pas arbitraire.

Structure pour exprimer vos besoins avant de dire "non"

1. Exprimez votre besoin :

"J'ai besoin de..." ou "Mon objectif en ce moment est de..."

2. Formulez votre refus :

"C'est pourquoi je ne peux pas..."

3. Ajoutez un mot de soutien ou une alternative (optionnel) :

"Merci de comprendre, et peut-être que [autre solution]."

Exemples de refus en exprimant vos besoins

1. Dans un contexte professionnel

Demande : "Peux-tu prendre en charge cette tâche supplémentaire ?"

Réponse :

"J'ai besoin de me concentrer sur mes priorités actuelles pour respecter mes deadlines. C'est pourquoi je ne peux pas m'engager sur cette tâche."

(Optionnel) : "Peut-être qu'on peut en discuter avec l'équipe pour trouver une autre solution."

2. Dans un contexte personnel

Demande : "Tu pourrais m'aider à organiser cet événement ?"

Réponse :

"En ce moment, j'ai besoin de me reposer et de prendre soin de moi après une semaine chargée. C'est pourquoi je ne peux pas t'aider avec l'organisation."

(Optionnel) : "Peut-être qu'on peut réfléchir ensemble à d'autres personnes qui pourraient te donner un coup de main."

3. Dans un contexte familial

Demande : "Peux-tu garder les enfants ce week-end ?"

Réponse :

"J'ai besoin de me concentrer sur mes propres responsabilités ce week-end. C'est pourquoi je ne peux pas m'occuper des enfants."

(Optionnel) : "As-tu envisagé une autre solution ? Je peux t'aider à chercher."

4. Dans un contexte social

Demande : "Viens à cette fête avec nous !"

Réponse :

"J'ai besoin de temps pour moi ce soir afin de me ressourcer. C'est pourquoi je ne viendrai pas à la fête, mais merci pour l'invitation."

Conseils pour réussir

1. Soyez sincère : Parlez de vos besoins de manière honnête et authentique.

2. Restez bref (Ve) : Exprimez vos besoins clairement, sans entrer dans des explications détaillées ou des justifications excessives.

3. Adoptez un ton bienveillant : Votre refus doit être ferme, mais respectueux et empathique.

Exercice pratique

1. Identifiez une situation fictive où vous devez dire "non".

2. Écrivez votre réponse en trois étapes :

Exprimez vos besoins.

Formulez votre refus.

Ajoutez une alternative ou un mot de soutien si nécessaire.

Exemple :

Demande : "Peux-tu m'aider à finir ce projet ?"

Réponse :

"J'ai besoin de terminer mes propres tâches avant le deadline pour rester à jour. C'est pourquoi je ne peux pas t'aider cette fois. Merci de comprendre."

Avantages d'exprimer vos besoins avant un refus

Authenticité : Vous affirmez votre droit à dire "non" en mettant en avant ce qui est important pour vous.

Éviter les tensions : L'autre personne comprend mieux votre décision, ce qui réduit les risques de conflit.

Renforcement des limites : Vous montrez que vos besoins sont une priorité légitime.

Conclusion

Exprimer vos besoins avant de dire "non" est une manière puissante et respectueuse d'affirmer vos limites. Cela montre que votre refus est réfléchi, légitime et basé sur des priorités personnelles ou professionnelles importantes. Rappelez-vous : dire "non" est aussi un moyen de dire "oui" à ce qui compte vraiment pour vous.

XIII.2. Utiliser "je ressens que..." pour accompagner votre refus.

Intégrer l'expression de vos sentiments avec la formule "Je ressens que..." avant un refus permet de rendre votre réponse plus personnelle, honnête et empathique. Cela aide à exprimer vos besoins tout en respectant ceux de l'autre.

Pourquoi utiliser "Je ressens que..." ?

1. Humaniser votre refus : Vous partagez votre perspective de manière authentique, sans accuser ou blesser.

2. Éviter les malentendus : Vous expliquez vos motivations de manière claire et émotionnelle, ce qui réduit les tensions.

3. Renforcer la relation : L'autre personne se sent entendue et comprise, même si vous refusez.

Structure pour utiliser "Je ressens que..."

1. Exprimez votre ressenti :

"Je ressens que..." ou "Je me sens..."

2. Expliquez brièvement pourquoi :

"... parce que..."

3. Formulez votre refus :

"C'est pourquoi je ne peux pas..."

4. Ajoutez un mot de soutien ou une alternative (optionnel) :

"J'espère que tu comprends, et peut-être que [autre solution]."

Exemples concrets d'utilisation de "Je ressens que..."

1. Dans un contexte professionnel

Demande : "Peux-tu t'occuper de cette tâche supplémentaire ?"

Réponse :

"Je ressens que j'ai déjà beaucoup de responsabilités en ce moment, et cela m'empêche de m'engager pleinement sur une nouvelle tâche. C'est pourquoi je ne peux pas accepter cette demande."

(Optionnel) : "Peut-être que quelqu'un d'autre pourrait t'aider."

2. Dans un contexte personnel

Demande : "Tu pourrais m'accompagner à cet événement ?"

Réponse :

"Je ressens que j'ai besoin de temps pour me reposer cette semaine, parce que j'ai été très occupé(e). C'est pourquoi je ne peux pas venir avec toi à cet événement."

(Optionnel) : "J'espère qu'on pourra trouver un autre moment pour se voir."

3. Dans un contexte social

Demande : "Tu veux organiser cette fête avec moi ?"

Réponse :

"Je ressens que je suis déjà à court de temps pour mes propres engagements, et cela rendrait les choses trop compliquées pour moi. C'est pourquoi je dois refuser cette fois-ci."

(Optionnel) : "Peut-être qu'on pourrait faire quelque chose de plus simple ensemble plus tard."

4. Dans un contexte familial

Demande : "Peux-tu garder les enfants ce week-end ?"

Réponse :

"Je ressens que j'ai besoin de me concentrer sur mes propres priorités ce week-end, parce que j'ai déjà beaucoup de choses à gérer. C'est pourquoi je ne peux pas m'en occuper."

(Optionnel) : "As-tu pensé à demander à [autre personne] ?"

Avantages d'utiliser cette formule

1. Empathie : Vous reconnaissez implicitement la légitimité de la demande tout en partageant votre ressenti.

2. Clarté émotionnelle : Vous exprimez vos besoins de manière directe, mais respectueuse.

3. Prévention des conflits : En expliquant vos émotions, vous réduisez les risques de malentendu ou de frustration.

Exercice pratique

1. Identifiez une demande fictive que vous pourriez refuser.

2. Formulez votre réponse en utilisant la structure suivante :

"Je ressens que..."

"... parce que..."

"C'est pourquoi je ne peux pas..."

3. Pratiquez cette réponse à haute voix.

Exemple :

Demande : "Peux-tu venir aider à l'association ce samedi ?"

Réponse :
"Je ressens que j'ai besoin de me reposer ce week-end, parce que j'ai eu une semaine très chargée. C'est pourquoi je ne peux pas être présent(e) samedi. Merci de penser à moi."

Conseils pour réussir

1. Soyez sincère : Parlez de vos véritables émotions pour rester authentique.

2. Restez bref (Ve) : L'expression de vos sentiments doit être claire et concise.

3. Adoptez un ton calme et respectueux : Cela renforce la bienveillance de votre refus.

Conclusion

Utiliser "Je ressens que..." est une manière efficace et respectueuse d'exprimer vos limites tout en montrant de l'empathie. Cette méthode vous permet de refuser avec authenticité, en valorisant vos besoins et en préservant vos relations. Rappelez-vous : exprimer vos émotions avec bienveillance est un atout, pas une faiblesse.

XIII.3. Reformuler une demande avant de refuser.

Reformuler une demande avant de la refuser permet de montrer que vous avez écouté et compris la personne, tout en préparant le terrain pour un refus respectueux. Cette méthode combine empathie et assertivité, rendant votre "non" plus acceptable.

Pourquoi reformuler avant de refuser ?

1. Valider les besoins de l'autre : En répétant ou reformulant leur demande, vous montrez que vous l'avez entendue.

2. Démontrer votre attention : Cela montre que vous prenez la demande au sérieux, même si vous ne pouvez pas y répondre favorablement.

3. Préparer un refus bienveillant : La reformulation aide à atténuer la déception en introduisant votre "non" de manière douce.

Structure pour reformuler et refuser

1. Reformulez la demande :

"Si je comprends bien, tu aimerais que..."

"Ce que tu me demandes, c'est de..."

2. Exprimez votre refus :

"Je comprends, mais je ne peux pas..."

"Malheureusement, je ne suis pas en mesure de..."

3. Ajoutez une alternative ou un mot de soutien (optionnel) :

"Mais peut-être que [autre solution] pourrait fonctionner."

"Je suis désolé(e) de ne pas pouvoir t'aider cette fois."

Exemples de refus après reformulation

1. Dans un contexte professionnel

Demande : "Peux-tu prendre en charge cette tâche supplémentaire ?"

Réponse :

"Donc, tu aimerais que je prenne en charge cette tâche pour alléger ta charge de travail, c'est bien ça ?"

"Je comprends ta demande, mais je ne peux pas m'en occuper car je suis déjà surchargé(e). Peut-être que [autre collègue] pourrait t'aider."

2. Dans un contexte personnel

Demande : "Tu pourrais m'aider à organiser ma fête d'anniversaire ?"
Réponse :

"Si je comprends bien, tu aimerais que je t'aide à organiser les préparatifs de ta fête ?"

"C'est une super idée, mais je ne suis pas disponible pour m'en occuper cette fois. Peut-être qu'on peut trouver quelqu'un d'autre pour t'aider."

3. Dans un contexte social

Demande : "Viens avec nous ce soir !"

Réponse :

"Tu aimerais vraiment que je vienne ce soir pour passer un bon moment avec vous, n'est-ce pas ?"

"C'est gentil de proposer, mais je vais devoir décliner cette fois. Profitez bien !"

4. Dans un contexte familial

Demande : "Peux-tu garder les enfants ce week-end ?"

Réponse :

"Donc, tu aimerais que je garde les enfants ce week-end pour te libérer du temps, c'est ça ?"

"Je comprends ta situation, mais je ne peux pas m'en occuper ce week-end. As-tu envisagé une autre solution ?"

Conseils pour reformuler efficacement

1. Utilisez vos propres mots : Reformulez de manière authentique pour éviter que cela semble mécanique.

2. Soyez empathique : Montrez que vous comprenez l'importance de leur demande.

3. Restez clair et assertif dans votre refus : La reformulation ne doit pas diluer votre "non".

Exercice pratique

1. Identifiez une situation fictive où vous devez refuser.

2. Écrivez une réponse en trois étapes : Reformulation, refus, et alternative éventuelle.

3. Entraînez-vous à dire cette réponse à haute voix.

Exemple :

Situation : Un collègue vous demande de relire son rapport.

Réponse :

"Donc, tu voudrais que je relise ton rapport pour t'aider à l'améliorer avant le deadline ?"

"Je comprends, mais je ne peux pas m'en charger aujourd'hui. Peut-être que [autre collègue] pourrait jeter un œil."

Conclusion

Reformuler une demande avant de refuser est une technique puissante pour montrer votre attention et votre empathie, tout en affirmant vos limites. Cette approche rend votre "non" plus acceptable et maintien des relations positives et respectueuses. Rappelez-vous : dire "non" est plus facile quand l'autre se sent compris.

XIII.4. Dire "je comprends votre besoin, mais...".

Cette formule est idéale pour refuser une demande tout en montrant que vous reconnaissez et respectez les besoins ou les sentiments de l'autre. Elle équilibre l'empathie et l'assertivité, rendant votre refus plus acceptable.

Pourquoi utiliser cette formule ?

1. Montrer de l'empathie : Vous validez l'importance du besoin pour l'autre.

2. Affirmer vos limites : Vous exprimez clairement votre incapacité ou refus sans culpabilité.

3. Préserver la relation : La personne se sent entendue, ce qui réduit les tensions.

Structure de la phrase

1. Exprimer votre compréhension :

"Je comprends votre besoin..."

2. Formuler votre refus :

"... mais je ne peux pas [raison brève ou sans justification]."

3. Optionnel : Proposer une alternative :

"... Peut-être que [autre solution]."

Exemples de réponses avec cette formule

1. Dans un contexte professionnel :

Demande : "Pouvez-vous m'aider sur ce rapport ? Il est urgent."
Réponse :
"Je comprends votre besoin de terminer ce rapport rapidement, mais je suis déjà engagé(e) sur d'autres priorités. Peut-être que [nom] pourrait vous aider."

2. Dans un contexte personnel :

Demande : "Tu pourrais venir m'aider à déménager ce week-end ?"

Réponse :
"Je comprends que tu as besoin d'aide pour ton déménagement, mais je ne suis pas disponible ce week-end. Peut-être que tu pourrais demander à [autre personne]."

3. Dans un contexte social :

Demande : "Tu veux venir à cette fête ce soir ?"

Réponse :
"Je comprends que tu aimerais que je sois présent(e), mais je préfère rester chez moi ce soir. Merci pour l'invitation."

4. Dans un contexte familial :

Demande : "Peux-tu garder les enfants demain ?"

Réponse :

"Je comprends que tu as besoin de temps pour toi, mais je ne peux pas m'en occuper demain. Peut-être qu'on peut trouver une autre solution ensemble."

Conseils pour bien utiliser cette formule

1. Soyez sincère : Votre empathie doit être authentique pour éviter de paraître condescendant(e).

2. Restez bref (Ve) : Évitez de donner trop de détails ou de justifications inutiles.

3. Proposez une alternative si possible : Cela montre que vous êtes attentif (Ve) au besoin de l'autre, même si vous refusez.

Exercice de pratique

1. Identifiez une situation où vous pourriez dire "non".

2. Écrivez une réponse en trois parties : compréhension, refus, et alternative éventuelle.

3. Pratiquez devant un miroir ou avec un proche.

Exemple d'exercice :

Situation : Un collègue vous demande de prendre en charge une tâche supplémentaire.

Réponse :

"Je comprends que cette tâche soit importante pour le projet, mais je ne peux pas m'en occuper en ce moment. Peut-être qu'on pourrait en discuter avec l'équipe pour trouver une solution."

Conclusion

Dire "Je comprends votre besoin, mais..." est une méthode puissante pour refuser avec respect et bienveillance. Cette formule montre que vous êtes attentif (Ve) aux besoins de l'autre, tout en affirmant vos propres limites. Avec la pratique, elle vous permettra de poser des limites claires tout en préservant des relations harmonieuses.

XIII.5. Pratiquer des phrases d'empathie avant le refus.

Exprimer de l'empathie avant de dire "non" permet de montrer que vous comprenez les besoins ou les sentiments de la personne, tout en affirmant vos propres limites. Cette approche rend votre refus plus respectueux et peut réduire les tensions.

Pourquoi utiliser des phrases d'empathie ?

1. Démontre que vous comprenez la demande : Cela montre à l'autre que vous ne rejetez pas leur besoin, mais que vous prenez une décision pour vous-même.

2. Renforce les relations : Vous protégez vos limites tout en maintenant une communication positive.

3. Réduit les réactions négatives : L'autre personne se sent entendue, ce qui atténue la déception ou la frustration.

Structure d'un refus avec empathie

1. Exprimer de l'empathie : Reconnaissez les besoins ou les sentiments de l'autre.

2. Formuler votre refus : Dites "non" clairement et fermement.

3. Optionnel : Proposer une alternative ou une solution : Si possible, offrez une aide ou un compromis.

Phrases d'empathie avant un refus

1. Reconnaître les besoins de l'autre :

"Je vois que c'est important pour toi."

"Je comprends que tu as besoin d'aide en ce moment."

"Je sais que cette situation est difficile pour toi."

2. Montrer de l'appréciation :

"Merci de penser à moi pour cela."

"J'apprécie que tu m'aies demandé."

3. Valider leurs émotions :

"C'est normal que tu ressentes cela."

"Je comprends que ce soit frustrant."

"Je vois à quel point cela compte pour toi."

Exemples concrets de refus avec empathie

Contexte : Un ami demande de l'aide pour un déménagement.

"Je comprends que tu as besoin de soutien pour ton déménagement, et j'aimerais pouvoir t'aider, mais je ne peux pas ce week-end."

Option : "Peut-être qu'on peut organiser un appel pour te donner quelques conseils logistiques."

Contexte : Un collègue demande de l'aide pour un projet.

"Je vois que tu es débordé(e) avec ce projet, et je comprends que tu espérais mon aide. Malheureusement, je ne peux pas m'en charger cette fois."

Option : "As-tu pensé à demander à [nom] ? Il/elle pourrait être disponible."

Contexte : Un membre de la famille vous demande un prêt.

"Je comprends que tu traverses une période difficile, et je suis désolé(e) de ne pas pouvoir t'aider financièrement."

Option : "Si tu veux, je peux t'aider à chercher d'autres solutions."

Pratiquer vos phrases d'empathie

Exercice :

1. Identifiez une situation où vous avez du mal à dire "non".

2. Écrivez trois phrases d'empathie que vous pourriez utiliser.

3. Entraînez-vous devant un miroir ou avec un proche.

Exemple d'exercice :

Situation : Refuser une invitation à une soirée.

Phrases d'empathie :

1. "Merci de penser à moi, c'est gentil de m'inviter."

2. "Je vois que tu aimerais que je sois là."

3. "C'est une belle opportunité de se retrouver, mais je vais devoir décliner."

Conseils pour réussir

1. Restez sincère : Choisissez des phrases qui reflètent réellement ce que vous ressentez.

2. Soyez clair dans votre refus : L'empathie ne doit pas diluer votre "non".

3. Pratiquez régulièrement : Plus vous utilisez cette méthode, plus elle deviendra naturelle.

Conclusion

Pratiquer des phrases d'empathie avant un refus montre que vous respectez les sentiments et les besoins de l'autre tout en affirmant vos propres limites. Cette approche équilibre bienveillance et assertivité, rendant vos refus plus efficaces et mieux acceptés. Rappelez-vous : dire "non" avec empathie est un acte de respect mutuel.

XIV. Exercices pour gérer la culpabilité

XIV.1. Écrire pourquoi il est légitime de dire "non".

Dire "non" est souvent perçu comme difficile, car nous craignons de décevoir ou d'être jugés. Pourtant, refuser une demande est un droit fondamental et un acte de respect envers soi-même et les autres.

Voici pourquoi il est légitime de dire "non".

1. Vous avez le droit de protéger votre temps et votre énergie

Votre temps et votre énergie sont limités. Dire "oui" à tout peut entraîner de l'épuisement et une perte de focus sur vos priorités.

Dire "non" vous permet de préserver vos ressources pour ce qui est vraiment important.

Exemple :

Dire "non" à une tâche supplémentaire vous donne le temps de vous concentrer sur votre bien-être ou vos objectifs personnels.

2. Vous ne pouvez pas tout faire

Personne ne peut tout gérer, et ce n'est pas votre responsabilité de répondre à toutes les attentes.

Dire "non" est une manière de reconnaître vos limites et d'agir en conséquence.

Exemple :

Refuser une demande au travail parce que vous êtes déjà surchargé(e) montre que vous respectez vos capacités.

3. Vos besoins sont aussi importants que ceux des autres

Il est légitime de prioriser vos propres besoins et vos objectifs. Cela ne signifie pas ignorer les autres, mais trouver un équilibre.

Dire "non" est un acte de respect envers vous-même.

Exemple :

Dire "non" à une invitation sociale pour prendre du temps pour vous est un moyen de respecter votre santé mentale.

4. Dire "non" évite le ressentiment

Dire "oui" par obligation ou pour éviter un conflit peut générer du ressentiment envers la personne ou la situation.

Dire "non" avec bienveillance permet de maintenir des relations saines et authentiques.

Exemple :
Dire "non" à un ami envahissant évite de ressentir de la frustration à son égard.

5. Dire "non" favorise votre authenticité

Refuser une demande montre que vous êtes aligné(e) avec vos valeurs et vos priorités.

Les autres vous respectent davantage lorsque vos décisions reflètent qui vous êtes réellement.

Exemple :

Refuser une proposition qui ne correspond pas à vos valeurs personnelles montre que vous restez fidèle à vous-même.

6. Vous enseignez aux autres à respecter vos limites

Dire "non" établit des limites claires et montre aux autres qu'ils ne peuvent pas abuser de votre temps ou de votre gentillesse.

Cela encourage également les autres à poser leurs propres limites.

Exemple :

Dire "non" à des demandes incessantes d'un collègue l'incite à mieux gérer ses propres responsabilités.

7. Dire "non" ne signifie pas rejeter l'autre

Refuser une demande ne remet pas en cause la valeur ou l'importance de la personne qui la fait.

Vous pouvez refuser une demande tout en montrant de l'empathie.

Exemple :

Dire "non" à un proche : "Je comprends que tu as besoin d'aide, mais je ne peux pas aujourd'hui. J'espère que tu trouveras une solution."

8. Dire "non" crée des opportunités pour les autres

Refuser une tâche ou une responsabilité peut permettre à quelqu'un d'autre de s'impliquer et de grandir.

Votre "non" peut ouvrir des portes pour les autres.

Exemple :

Refuser de participer à un projet peut donner à un collègue l'occasion de montrer ses compétences.

9. Vous n'avez pas à vous justifier

Dire "non" est une décision légitime en soi. Vous n'avez pas besoin de vous excuser ou de fournir une longue explication.

Votre refus est valide, quelle que soit la raison.

Exemple :

Dire simplement : "Non, je ne peux pas, mais merci de m'avoir demandé."

10. Dire "oui" à tout peut nuire à votre équilibre

En disant "oui" à tout, vous risquez de vous surcharger et de sacrifier ce qui est important pour vous.

Dire "non" vous permet de maintenir un équilibre entre vos engagements et vos besoins.

Exemple :

Dire "non" à un projet supplémentaire au travail vous laisse du temps pour votre famille ou vos loisirs.

Conclusion

Dire "non" est un acte de courage, de respect et de bienveillance envers soi-même. C'est reconnaître vos limites, vos besoins et vos priorités, tout en encourageant des relations basées sur le respect mutuel. Rappelez-vous : dire "non" n'est pas un acte égoïste, c'est une affirmation de vos droits et de votre valeur.

XIV.2. Lister les bénéfices à long terme de fixer des limites.

Fixer des limites est essentiel pour maintenir un équilibre personnel, émotionnel et professionnel. Bien que cela puisse être difficile au départ, les avantages à long terme sont considérables.

Les principaux bénéfices que vous pouvez attendre en apprenant à poser vos limites.

1. Préserver votre énergie

Bénéfice : Vous évitez l'épuisement physique et mental.

Impact à long terme : Vous avez plus de ressources pour vous consacrer à ce qui compte vraiment, que ce soit votre travail, vos passions ou vos proches.

2. Renforcer votre estime de soi

Bénéfice : Dire non quand c'est nécessaire montre que vous vous respectez.

Impact à long terme : Vous développez une image de vous-même plus positive et gagnez en confiance dans vos décisions.

3. Améliorer vos relations

Bénéfice : Poser des limites claires encourage des interactions basées sur le respect mutuel.

Impact à long terme : Vos relations deviennent plus authentiques, car elles reposent sur des attentes réalistes.

4. Éviter le ressentiment

Bénéfice : En disant non aux choses qui ne vous conviennent pas, vous évitez de ressentir de la frustration ou de la colère envers les autres.

Impact à long terme : Vous vous libérez de sentiments négatifs et entretenez des relations plus saines.

5. Respecter vos priorités

Bénéfice : Vous pouvez concentrer votre temps et votre énergie sur ce qui est vraiment important pour vous.

Impact à long terme : Vous atteignez plus facilement vos objectifs personnels et professionnels.

6. Réduire le stress et l'anxiété

Bénéfice : Fixer des limites diminue les situations stressantes ou les surcharges de travail.

Impact à long terme : Vous profitez d'un meilleur équilibre mental et émotionnel.

7. Encourager l'indépendance des autres

Bénéfice : En refusant de tout faire pour les autres, vous les incitez à trouver leurs propres solutions.

Impact à long terme : Vous favorisez leur autonomie tout en protégeant votre espace personnel.

8. Créer une vie plus équilibrée

Bénéfice : Vous évitez de vous disperser en acceptant des engagements qui ne vous conviennent pas.

Impact à long terme : Vous vivez une vie plus alignée avec vos valeurs et vos besoins.

9. Éviter les situations toxiques

Bénéfice : Fixer des limites vous protège contre les comportements abusifs ou manipulateurs.

Impact à long terme : Vous créez un environnement plus sain et respectueux autour de vous.

10. Cultiver la clarté dans vos décisions

Bénéfice : Poser des limites vous oblige à réfléchir à ce que vous voulez réellement.

Impact à long terme : Vous prenez des décisions plus éclairées et alignées avec vos objectifs.

11. Favoriser une meilleure gestion du temps

Bénéfice : Dire non aux engagements non essentiels vous laisse plus de temps pour ce qui compte.

Impact à long terme : Vous êtes plus productif (Ve) et moins submergé(e).

12. Développer votre assertivité

Bénéfice : Fixer des limites vous apprend à communiquer avec confiance et respect.

Impact à long terme : Vous êtes mieux préparé(e) à gérer les conflits et les négociations.

13. Gagner en sérénité

Bénéfice : Vous vous sentez en paix avec vos choix, sans culpabilité excessive.

Impact à long terme : Vous menez une vie plus harmonieuse, libérée de pressions inutiles.

14. Donner plus de valeur à vos engagements

Bénéfice : Quand vous acceptez une demande, vous le faites pleinement et sincèrement.
Impact à long terme : Vous êtes reconnu(e) comme quelqu'un de fiable et de cohérent.

15. Devenir un modèle pour les autres

Bénéfice : En posant des limites, vous montrez l'exemple d'une vie équilibrée.

Impact à long terme : Vous inspirez les autres à respecter leurs propres limites et celles des autres.

Conclusion

Fixer des limites n'est pas seulement une compétence utile à court terme, c'est un investissement dans votre bien-être global. Ces bénéfices, lorsqu'ils s'accumulent, contribuent à une vie plus équilibrée, authentique et épanouissante. Rappelez-vous : poser des limites n'est pas un acte égoïste, c'est un acte de respect envers vous-même et les autres.

XIV.3. Partager vos sentiments de culpabilité avec un proche.

Exprimer vos sentiments de culpabilité à une personne de confiance peut vous aider à mieux comprendre vos émotions, à les relativiser, et à obtenir du soutien. Voici une méthode pour aborder cette conversation avec un proche de manière saine et constructive.

Pourquoi partager votre culpabilité ?

1. Alléger le poids émotionnel : Mettre des mots sur votre culpabilité peut la rendre moins oppressante.

2. Obtenir un point de vue extérieur : Un proche peut vous offrir une perspective différente et apaiser vos doutes.

3. Renforcer la relation : Partager vos sentiments montre votre vulnérabilité et peut renforcer la confiance mutuelle.

Étape 1 : Choisir la bonne personne

Sélectionnez quelqu'un en qui vous avez confiance et qui est capable de vous écouter sans jugement.

Assurez-vous que la personne est disponible et dans un bon état d'esprit pour discuter.

Étape 2 : Exprimez clairement vos sentiments

Commencez par expliquer pourquoi vous ressentez de la culpabilité et ce qui a déclenché cette émotion.

Exemple :

"J'aimerais te parler d'un sentiment qui me pèse. Je me sens coupable d'avoir dit non à [situation]."

"Je ressens de la culpabilité parce que je n'ai pas répondu favorablement à la demande de [nom]."

-

Étape 3 : Expliquez vos motivations

Parlez de la raison pour laquelle vous avez pris cette décision, tout en reconnaissant vos émotions.
Exemple :

"J'ai dit non parce que je savais que c'était important de préserver mon énergie, mais maintenant, je me demande si j'ai fait le bon choix."

Étape 4 : Demandez leur avis ou leur soutien

Invitez la personne à vous exposer un point de vue extérieur ou simplement à vous écouter.

Exemple :

"Qu'en penses-tu ? Suis-je trop dur(e) avec moi-même ?"

"J'avais besoin d'en parler pour y voir plus clair. Merci de m'écouter."

Étape 5 : Acceptez leur réponse avec ouverture

Écoutez leur avis ou leurs encouragements sans vous juger. La personne peut vous rassurer ou offrir des solutions auxquelles vous n'avez pas pensé. Exemple de réponse du proche :

"Je pense que tu as bien fait. Dire non est parfois nécessaire."

"Tu ne devrais pas te sentir coupable. Respecter tes limites est important."

Étape 6 : Reformulez vos pensées après la discussion

Une fois la conversation terminée, prenez un moment pour réfléchir à ce que vous avez appris et à comment cela affecte votre perception de la culpabilité.

Exemple :

"Je me rends compte que ma culpabilité n'était pas justifiée. J'ai pris une décision qui était bonne pour moi."

Conseils pour une conversation réussie

1. Soyez honnête : Parlez de vos émotions sans essayer de les minimiser ou de les cacher.

2. Restez ouvert(e) : Écoutez l'autre avec un esprit ouvert, même si vous n'êtes pas d'accord immédiatement.

3. Choisissez un moment propice : Assurez-vous que vous et la personne êtes calmes et disponibles.

Exemple de dialogue

Vous :

"J'aimerais te parler d'un sentiment qui me pèse. Je me sens coupable d'avoir refusé d'aider [nom] sur [situation]. Je savais que je n'avais pas la capacité, mais maintenant, je me demande si j'ai fait le bon choix."

Votre proche :

"Je comprends que ce soit difficile, mais tu as pris cette décision pour de bonnes raisons. Dire non ne fait pas de toi une mauvaise personne."

Vous :

"Merci de me le rappeler. C'est important pour moi d'en parler et d'entendre un avis extérieur."

Conclusion

Partager vos sentiments de culpabilité avec un proche est un pas vers une meilleure gestion émotionnelle. Cette démarche vous aide à relativiser, à obtenir du soutien et à renforcer votre capacité à poser des limites sans culpabilité. Rappelez-vous : exprimer vos émotions est un signe de force, pas de faiblesse.

XIV.4. Apprendre à dissocier refus et égoïsme.

Beaucoup de personnes associent à tort le fait de dire "non" à de l'égoïsme, ce qui peut engendrer de la culpabilité ou des difficultés à poser des limites. Pourtant, refuser est souvent un acte de respect envers soi-même et les autres.

Voici comment dissocier le refus de l'égoïsme et apprendre à dire "non" en toute sérénité.

1. Comprendre la différence entre refus et égoïsme

Refus :
Dire "non" signifie respecter vos besoins, vos limites et vos priorités sans pour autant négliger les autres.

Exemple : "Je ne peux pas t'aider aujourd'hui car j'ai besoin de temps pour me reposer."

Égoïsme :
L'égoïsme consiste à ne penser qu'à soi sans considération pour les autres ou leurs besoins.

Exemple : "Je ne t'aiderai jamais, ce n'est pas mon problème."

Clé : Dire "non" ne signifie pas ignorer les autres, mais prendre soin de vous pour mieux interagir avec eux.

2. Identifier vos raisons de dire "non"

Prenez le temps de réfléchir à vos motivations avant de refuser. Si votre refus est aligné avec vos valeurs ou vos besoins, il n'a rien d'égoïste.

Questions à vous poser :

Suis-je épuisé(e) ou ai-je besoin de temps pour moi ?

Mon refus est-il nécessaire pour respecter mes priorités ?

Refuser cette demande m'aide-t-il à éviter une surcharge ou un stress inutile ?

Exemple :
"Je dis non à cette invitation car j'ai besoin de temps pour me recentrer."

3. Pratiquer des refus bienveillants

Dire "non" avec empathie montre que vous respectez l'autre tout en posant vos limites.

Exemples :

"Je comprends que tu as besoin d'aide, mais je ne peux pas en ce moment."

"Merci de penser à moi, mais je ne suis pas disponible cette fois."

En montrant de la considération pour l'autre, vous démontrez que votre refus n'est pas un acte égoïste.

4. Revoir vos croyances limitantes

Beaucoup de personnes associent le refus à des croyances erronées, comme :

"Si je dis non, je vais blesser l'autre."

"Dire non signifie que je ne suis pas une bonne personne."

"Je dois toujours être disponible pour les autres."

Exercice : Remplacez ces croyances par des affirmations positives

"Dire non est un acte de respect envers moi-même."

"Je peux dire non tout en restant une personne aimante et attentionnée."

"Mes besoins sont tout aussi importants que ceux des autres."

5. Analyser vos refus passés

Repensez à des situations où vous avez dit "non". Était-ce réellement égoïste ? Très souvent, vous réaliserez que vos refus étaient justifiés et nécessaires.

Exercice :

Dressez une liste de 3 refus récents et identifiez :

La raison de votre refus.

L'impact positif que cela a eu sur vous.

Si cela a réellement affecté négativement l'autre personne.

6. Fixer des limites sans culpabilité

Apprendre à dire "non" est essentiel pour préserver votre énergie et éviter l'épuisement. Cela vous rend même plus disponible à long terme pour les autres.

Exemple :

Au lieu de dire oui à tout, fixez des limites claires :

"Je peux t'aider demain, mais pas aujourd'hui."

7. Comprendre que dire "oui" à tout peut être nocif.

Accepter toutes les demandes par peur d'être vu(e) comme égoïste peut :

Nuire à votre bien-être.

Créer du ressentiment envers les autres.
Rendre vos engagements moins sincères.

Rappelez-vous : Dire "oui" uniquement lorsque vous le voulez réellement est plus authentique et bénéfique pour tous.

8. Réaliser que respecter vos besoins profite aussi aux autres

Quand vous prenez soin de vous, vous êtes mieux équipé(e) pour offrir de l'aide et de la bienveillance aux autres.

Exemple de réflexion :

Si vous refusez une tâche supplémentaire au travail, vous pouvez vous concentrer sur vos priorités et produire un travail de qualité.

9. Pratiquer l'autocompassion

Rappelez-vous que vous n'avez pas besoin d'être parfait(e) ou de répondre aux attentes de tout le monde. Dire non ne fait pas de vous une mauvaise personne.

Affirmation à répéter :

"Je peux dire non sans être égoïste. Mon bien-être compte."

10. Célébrer vos progrès

Chaque fois que vous dites "non" sans culpabilité, félicitez-vous pour avoir respecté vos limites et vos besoins.

Exemple complet : Refus non égoïste

Contexte : Un ami vous demande de l'aider à déménager, mais vous êtes fatigué(e).

1. Lui :
"Peux-tu m'aider à déménager samedi ?"

2. Vous :

"Je suis désolé(e), mais je ne peux pas t'aider cette fois. Je suis épuisé(e) et j'ai besoin de me reposer."

"Peut-être que quelqu'un d'autre pourra te donner un coup de main."

3. Résultat : Vous avez montré de l'empathie tout en respectant vos limites.

Conclusion

Dire "non" n'est pas un acte égoïste, mais une manière de prendre soin de vous et de vos priorités. En pratiquant des refus bienveillants, vous dissocierez progressivement le refus de la culpabilité ou de l'égoïsme. Rappelez-vous : vous avez le droit de protéger votre énergie sans sacrifier vos valeurs.

XIV.5. Faire une relaxation guidée après un refus difficile.

Refuser une demande peut être émotionnellement exigeant, surtout si cela entraîne des tensions ou de la culpabilité. Une relaxation guidée peut vous aider à libérer le stress, à recentrer vos pensées et à vous apaiser.

Voici une séance simple et efficace à suivre.

Durée : 5 à 10 minutes
Lieu : Un endroit calme où vous pouvez vous asseoir ou vous allonger confortablement.

Étape 1 : Installez-vous confortablement

Asseyez-vous ou allongez-vous dans une position qui vous met à l'aise.

Posez vos mains sur vos genoux ou le long de votre corps si vous êtes allongé(e).

Fermez les yeux pour vous recentrer.

Étape 2 : Respiration profonde

1. Inspirez lentement par le nez en comptant jusqu'à 4.

2. Retenez votre souffle pendant 4 secondes.

3. Expirez doucement par la bouche en comptant jusqu'à 6.

4. Répétez ce cycle 3 à 5 fois, en vous concentrant uniquement sur votre respiration.

Étape 3 : Relâchez les tensions physiques

1. Prenez conscience de votre corps :

Commencez par ressentir votre tête, votre cou, vos épaules, puis descendez progressivement jusqu'à vos pieds.

2. Relâchez chaque partie :

Imaginez que chaque tension fond comme de la glace sous le soleil.

Par exemple : "Je relâche mes épaules… je relâche mes mâchoires…"

Étape 4 : Apaiser les pensées négatives

1. Identifiez votre ressenti :
Demandez-vous : "Qu'est-ce qui me dérange dans cette situation ? Est-ce de la culpabilité ? De la peur ? De la colère ?

2. Visualisez vos pensées s'envoler :
Imaginez que chaque pensée stressante est une feuille emportée par une rivière. Regardez-les s'éloigner.

Étape 5 : Remplacez le stress par des affirmations positives

Répétez doucement ces affirmations dans votre esprit :

"J'ai le droit de dire non pour respecter mes priorités."

"Ma décision est légitime et je me sens en paix avec moi-même."

"Je libère toute culpabilité ou tension."

"Je suis calme, confiant(e) et en contrôle de mes choix."

Étape 6 : Visualisation de calme

1. Imaginez un endroit apaisant, comme une plage, une forêt ou un jardin.

Voyez les détails : les couleurs, les sons, les textures.

2. Ressentez la sérénité de cet endroit.

Par exemple : "Je sens la douceur du sable sous mes pieds. Je respire l'air frais."

3. Laissez ce calme remplir tout votre corps.

Étape 7 : Retour progressif à l'instant présent

1. Prenez une dernière respiration profonde.

2. Bougez doucement vos doigts et vos orteils.

3. Ouvrez les yeux lentement et regardez autour de vous.

4. Remerciez-vous d'avoir pris ce temps pour vous apaiser

Conseils pour maximiser l'effet

Pratiquez régulièrement : Même si vous n'avez pas fait face à un refus difficile, cela vous aidera à mieux gérer les futures situations.

Combinez avec un carnet de réflexion : Notez vos ressentis après la séance pour observer vos progrès.

Personnalisez la visualisation : Choisissez des images ou des affirmations qui résonnent avec vous.

Conclusion

Une relaxation guidée après un refus difficile vous permet de relâcher la pression, de recentrer votre énergie et de cultiver une attitude positive. Avec la pratique, vous serez de plus en plus à l'aise avec vos décisions, tout en préservant votre équilibre émotionnel. Rappelez-vous : prendre soin de vous après un refus est essentiel pour maintenir votre sérénité.

XV. Exercices de simplification

XV.1. Répondre simplement par "non" sans justification.

Dire un "non" simple, sans explication ni justification, est une manière directe et assertive de refuser une demande. Bien que cela puisse sembler difficile, c'est une réponse puissante qui établit vos limites sans débat. Voici comment l'adopter efficacement.

Pourquoi répondre simplement par "non" ?

1. Clarté : Votre réponse est sans ambiguïté et ne laisse pas de place à l'interprétation.

2. Efficacité : Cela met fin à la conversation sur la demande sans prolonger inutilement la discussion.

3. Respect de soi : Vous n'avez pas besoin de justifier vos choix pour qu'ils soient valides.

4. Éviter l'insistance : Moins vous donnez d'explications, moins il y a de chances que l'autre essaie de vous convaincre.

Comment dire "non" simplement ?

1. Adoptez un ton respectueux

Un ton calme et bienveillant montre que vous ne rejetez pas la personne, mais que vous affirmez vos limites.

Exemple :

D'un ton posé : "Non."

2. Gardez votre réponse courte

Ne compliquez pas votre réponse avec des détails inutiles.

Exemple :

"Non."

Si vous voulez ajouter un mot de politesse : "Non, merci."

3. Maintenez votre posture

Utilisez votre langage corporel pour renforcer votre message :

Regardez la personne dans les yeux.

Gardez une posture droite et détendue.

Évitez de paraître hésitant(e).

4. Ne cédez pas à l'insistance

Si la personne insiste, répétez votre "non" calmement, sans vous laisser entraîner dans une justification.

Exemple :

"Mais pourquoi pas ?"

"Non."

"Tu pourrais quand même faire un effort."

"Non."

Exemples pratiques pour différents contextes

Conseils pour réussir

1. Pratiquez devant un miroir : Habituez-vous à dire "non" avec assurance.

2. Anticipez vos émotions : Vous pourriez ressentir un peu de culpabilité au début, mais rappelez-vous que dire non est votre droit.

3. Soyez constant(e) : Plus vous utilisez cette technique, plus elle deviendra naturelle.

Ce que faire si quelqu'un insiste

Répétez votre "non" sans changement :
"Comme je l'ai dit, non."

Restez calme et détaché(e) :
"Non."

Si nécessaire, mettez fin à la conversation :
"Je ne vais pas changer d'avis, merci de respecter ma décision."

XV.2. Limiter vos explications à une phrase courte.

Refuser une demande en utilisant une explication brève est une manière efficace de préserver vos limites sans entrer dans des détails inutiles. Voici comment formuler vos refus de manière concise et respectueuse.

Pourquoi limiter vos explications à une phrase ?

1. Clarté : Une réponse concise élimine toute ambiguïté.

2. Autorité : Vous montrez que votre décision est réfléchie et ferme.

3. Prévention : Moins de détails signifie moins d'opportunités pour l'autre personne de contester ou de manipuler.

Comment formuler une phrase courte et efficace ?

1. Commencez par un "non" clair

Ne tournez pas autour du pot. Commencez directement par votre refus :

"Non, merci."

"Je ne peux pas, désolé."

2. Ajoutez une explication brève (si nécessaire)

Donnez une raison générale qui ne nécessite pas d'autres détails.

Exemples :

"Je suis déjà engagé(e) sur autre chose."

"Cela ne me convient pas en ce moment."

"Je ne suis pas disponible pour cela."

3. Évitez les détails personnels

Ne justifiez pas trop ou n'entrez pas dans des explications complexes. Restez général :

Trop détaillé :

"Non, je ne peux pas venir car j'ai un rendez-vous chez le médecin, et ensuite je dois m'occuper des enfants."

Réponse courte :
"Non, je ne suis pas disponible."

4. Proposez une alternative si c'est possible

Montrez que vous êtes attentif (Ve) à la demande sans vous engager.

"Je ne peux pas aider cette fois, mais peut-être que [nom] pourrait ?"

"Je ne suis pas disponible aujourd'hui, mais je peux en discuter demain."

Exemples de réponses courtes pour différents contextes

5. Gérer l'insistance avec une répétition simple

Si la personne insiste, répétez calmement votre refus en utilisant une variation de votre phrase initiale.

Exemple :

"Mais pourquoi tu ne peux pas ?"

"Je ne peux pas, merci de comprendre."

6. Pratiquez des phrases prêtes à l'emploi

Préparez quelques réponses standards pour vous sentir à l'aise.

Exemples :

"Non, cela ne me convient pas en ce moment."

"Je ne peux pas, mais merci pour la proposition."

"Je ne suis pas disponible pour cela, désolé(e)."

Exemple complet de refus bref et efficace

Contexte : Un ami vous demande de l'aider à organiser un événement.

1. Lui :
"Tu pourrais m'aider à organiser la soirée ?"

2. Vous :
"Non, je ne peux pas cette fois, désolé(e).

3. Lui (insiste) :
"Mais pourquoi pas ? Ça ne te prendrait pas longtemps."

4. Vous :
"Comme je l'ai dit, je ne suis pas disponible. Merci de comprendre."

Conclusion

Limiter vos explications à une phrase courte est une méthode puissante pour refuser de manière claire, respectueuse et assertive. En pratiquant des réponses simples, vous affirmerez vos limites sans entrer dans des discussions inutiles. Rappelez-vous : dire non n'a pas besoin d'être compliqué.

XV.3. Éviter les excuses inutiles après un refus.

Lorsque vous refusez une demande, il est naturel de vouloir minimiser les tensions en vous excusant ou en vous justifiant. Cependant, cela peut affaiblir votre message et ouvrir la porte à des insistance ou des manipulations.

Voici comment refuser avec assurance tout en évitant les excuses inutiles.

1. Pourquoi éviter les excuses inutiles ?

Affaiblissement de votre position : Trop d'excuses peuvent donner l'impression que vous doutez de votre décision.

Invitation à l'insistance : Une justification détaillée peut inciter l'autre à trouver des solutions pour vous faire changer d'avis.

Perte de temps et d'énergie : Vous n'avez pas besoin de vous justifier pour défendre vos limites.

2. Formulez un refus clair et direct

Commencez par votre réponse : Dites "non" dès le début pour clarifier votre position.

Évitez les mots qui invitent à des négociations :
Par exemple, évitez "je ne peux pas pour l'instant" si votre réponse est définitive.

Exemples :

"Non, je ne peux pas m'engager sur ce projet."

"Merci pour l'invitation, mais je vais devoir refuser."

3. Évitez les justifications détaillées

Une explication brève et générale est suffisante. Ne partagez que ce qui est strictement nécessaire.

Exemple :

Avec justification excessive :
"Non, je ne peux pas parce que j'ai une journée chargée, un rendez-vous médical, et je dois encore finir le ménage chez moi."

Réponse simplifiée :
"Non, je ne suis pas disponible."

4. Remplacez les excuses par de l'empathie

Montrez que vous comprenez la situation de l'autre sans pour autant céder ou entrer dans des justifications.

Exemples :

"Je comprends que cela puisse être frustrant, mais je ne peux pas m'engager."

"Je vois que c'est important pour toi, mais je dois refuser."

5. Si la personne insiste, répétez calmement

Utilisez la technique du disque rayé pour rester ferme sans vous justifier davantage.

Exemple :

"Je comprends, mais ma réponse reste la même."

"Comme je l'ai dit, je ne suis pas disponible pour cela."

6. Remplacez les excuses par des alternatives

Si possible, proposez une solution qui ne compromet pas vos limites.

Exemples :

"Je ne peux pas m'occuper de cela, mais peut-être que [autre personne] pourrait t'aider."

"Je ne suis pas disponible aujourd'hui, mais je peux te donner un coup de main plus tard."

7. Apprenez des réponses préconstruites

Préparez des phrases simples et affirmatives pour différents contextes.

8. Rappelez-vous votre droit de refuser

Vous n'êtes pas obligé(e) de vous excuser pour protéger votre temps, votre énergie ou vos priorités.

Dire non est une compétence qui montre de l'assurance et du respect pour vous-même.

Affirmation à pratiquer :

"Dire non est mon droit. Je peux refuser sans culpabilité ni justification excessive."

Exemple complet : Refuser sans excuses inutiles

Contexte : Un collègue vous demande de finir une partie de son travail.
1. Collègue :
"Peux-tu t'occuper de cette tâche pour moi ? Je suis vraiment débordé."

2. Vous :
"Non, je ne peux pas, mais merci de demander."

3. Collègue :
"Pourquoi pas ? Tu n'as rien de prévu après le travail, non ?"

4. Vous :
"Comme je l'ai dit, je ne peux pas. Bonne chance pour trouver une solution."

Conclusion

Éviter les excuses inutiles lors d'un refus vous permet de gagner en confiance et de poser vos limites de manière claire et respectueuse. Avec la pratique, refuser deviendra plus naturel, et vous apprendrez à protéger vos priorités sans culpabilité. Rappelez-vous : un non simple et direct est souvent plus respecté qu'un non accompagné d'excuses complexes.

XV.4. Tester "non, merci" comme réponse standard.

Dire simplement "Non, merci" est une réponse puissante et polyvalente qui vous permet de refuser poliment sans entrer dans des détails ou des justifications.

Voici comment l'utiliser et pourquoi cette approche est efficace.

Pourquoi "Non, merci" fonctionne ?

1. Simplicité : Court et clair, il évite toute confusion.

2. Politesse : L'ajout de "merci" adoucit le refus et montre du respect.

3. Efficacité : Il ne laisse pas de place aux négociations ou aux questions inutiles.

1. Utilisez "Non, merci" dans des situations simples

Commencez par tester cette réponse dans des contextes à faible enjeu pour gagner en confiance.

Exemples :

Invitation à une sortie :
"Viens boire un verre avec nous ce soir !"

"Non, merci."

Offre commerciale :
"Voulez-vous essayer notre nouveau service ?"

"Non, merci."

Proposition d'un dessert :
"Un morceau de gâteau ?"

"Non, merci."

2. Ajoutez une nuance selon le contexte

Parfois, vous pouvez personnaliser légèrement "Non, merci" pour l'adapter à la situation tout en restant concis.

Exemples :

Offre professionnelle :
"Peux-tu prendre ce projet en plus ?"

"Non, merci. Je ne peux pas en ce moment."

Demande d'aide :
"Tu peux m'aider à déménager samedi ?"

"Non, merci. Je ne suis pas disponible."

3. Restez ferme face à l'insistance

Si la personne insiste après votre "Non, merci", répétez calmement et fermement la même réponse.

Exemple :

"Mais pourquoi pas ? Ce serait vraiment sympa de ta part."

"Non, merci."

4. Pratiquez dans des contextes variés
Essayez "Non, merci" dans différents domaines pour voir comment les gens réagissent et évaluez votre confort.

5. Évaluez vos résultats

Après chaque utilisation de "Non, merci", prenez un moment pour réfléchir :

Comment vous êtes-vous senti(e) en disant cela ?

Quelle a été la réaction de l'autre personne ?

Cela a-t-il permis de clore la conversation efficacement ?

6. Renforcez votre confiance avec des affirmations

Si vous craignez que "Non, merci" paraisse trop abrupt, rappelez-vous :

Vous avez le droit de refuser sans justification.

Dire "merci" montre du respect et de la politesse.

"Je suis clair(e) et respectueux(se) dans ma réponse, et cela suffit."

Conclusion

"Non, merci" est une réponse standard puissante et respectueuse qui vous permet de poser vos limites en toute simplicité. En le testant régulièrement dans différentes situations, vous renforcerez votre confiance et vous habituerez à refuser sans culpabilité. Rappelez-vous : chaque "non" bien dit est un acte de respect envers vous-même et vos priorités.

XV.5. Refuser sans donner de détails personnels.

Il est tout à fait possible de dire "non" de manière claire et respectueuse, sans avoir à partager des détails personnels ou à entrer dans des justifications approfondies. Voici comment procéder.

1. Utilisez une formule directe et respectueuse

Votre réponse doit être concise et polie, mais elle n'a pas besoin d'expliquer pourquoi vous refusez.

Exemples :

"Je ne suis pas disponible pour cela, merci de votre compréhension."

"Je vais devoir décliner, mais merci pour votre proposition."

2. Employez des phrases générales

Les phrases vagues mais affirmatives permettent de refuser sans donner de précisions personnelles.

Exemples :

"Cela ne convient pas à mon emploi du temps pour le moment."

"Je ne peux pas m'engager sur ce projet actuellement."

"Je préfère ne pas m'impliquer, mais merci de penser à moi."

3. Soyez clair et décisif

Laissez peu de place à l'interprétation en évitant les formulations hésitantes.

À éviter :

"Je ne pense pas pouvoir, mais peut-être…" (ouvre la porte à une insistance).

À utiliser :

"Je ne peux pas, mais j'apprécie que vous m'ayez demandé."

4. Redirigez ou proposez une alternative

Si cela convient, suggérez une autre option sans révéler vos propres contraintes.

Exemples :

"Je ne peux pas aider cette fois, mais peut-être que [autre personne] pourrait ?"

"Je ne suis pas disponible, mais avez-vous pensé à [autre solution] ?

5. Restez neutre face aux questions supplémentaires
Si la personne insiste pour connaître la raison de votre refus, restez sur votre position sans donner de détails.

Exemple :

"Je préfère ne pas entrer dans les détails, mais ma réponse est non."

"Cela ne me convient pas pour le moment, j'espère que vous comprendrez."

6. Utilisez des affirmations personnelles pour affirmer vos limites

Exemple : "J'ai pris cette décision en fonction de mes priorités, et je préfère m'y tenir."

7. Gérer les tentatives d'insistance ou de culpabilisation

Certaines personnes pourraient insister pour obtenir une explication. Maintenez votre position avec calme.

"Je comprends que cela puisse être frustrant, mais ma réponse ne change pas."

"Je préfère ne pas discuter davantage, merci pour votre compréhension."

8. Exemple de réponse complète sans détails personnels

Contexte : Un collègue vous demande de prendre en charge une partie de son travail.

1. Refus clair et respectueux :

"Je ne peux pas m'engager sur cette tâche, mais merci de penser à moi."

2. Si la personne insiste :

"Comme je l'ai dit, je ne suis pas disponible pour cela en ce moment."

3. Proposer une alternative :

"Peut-être que quelqu'un d'autre dans l'équipe pourrait aider."

Conclusion

Refuser sans donner de détails personnels est une compétence précieuse pour préserver votre vie privée tout en respectant les autres. Avec des formulations claires, respectueuses et générales, vous pouvez poser vos limites sans avoir à vous justifier. Rappelez-vous : un "non" bien dit est un signe de respect envers vous-même et vos priorités.

XVI. Exercices avancés

XVI.1. Refuser une sollicitation importante avec diplomatie.

Refuser une demande importante peut être délicat, mais il est possible de dire non tout en préservant la relation et en restant respectueux.

Voici un guide pour refuser diplomatiquement une sollicitation importante.

1. Reconnaître l'importance de la demande

Montrez que vous comprenez la valeur ou l'urgence de la demande pour la personne. Cela aide à réduire les tensions.
Exemple :

"Je sais que ce projet est crucial pour toi."

"Je comprends que tu as vraiment besoin d'aide en ce moment."

2. Soyez clair et direct

Évitez les formulations vagues qui pourraient donner de faux espoirs. Indiquez dès le début que vous ne pouvez pas répondre favorablement.

Exemple :

"Malheureusement, je ne pourrai pas répondre à ta demande."

"Je suis désolé(e), mais je ne suis pas en mesure de m'engager sur ce point."

3. Expliquez sans trop vous justifier

Donnez une explication brève et honnête, sans entrer dans des détails inutiles qui pourraient ouvrir la porte à des contestations.

Exemple :

"Je suis déjà très engagé(e) sur d'autres priorités en ce moment."

"Je dois respecter mes limites pour être efficace dans mes propres responsabilités."

4. Exprimez de l'empathie

Montrez que vous vous souciez de la situation de l'autre, même si vous refusez d'y participer directement.

Exemple :

"Je comprends que cela te met dans une position difficile, et je suis désolé(e) de ne pas pouvoir t'aider davantage."

"Je vois combien cela est important pour toi, et j'aurais aimé pouvoir t'aider."

5. Proposez une alternative ou une solution

Si possible, offrez une autre manière d'aider ou dirigez la personne vers une ressource ou une aide alternative.
Exemple :

"Je ne peux pas m'occuper de cela, mais peut-être que [nom de la personne] pourrait t'aider."

"Je ne peux pas m'engager pleinement, mais je peux te conseiller sur comment avancer."

6. Restez ferme et évitez de céder sous pression

Si la personne insiste ou tente de vous culpabiliser, répétez calmement votre refus sans changer de position.

Exemple :

"Je comprends ton insistance, mais ma décision reste la même."

"Je suis désolé(e), mais cela n'est vraiment pas possible pour moi en ce moment."

7. Concluez positivement

Terminez la conversation sur une note respectueuse pour préserver la relation.

Exemple :

"J'espère que tu trouveras une solution rapidement, et je te souhaite de réussir dans ce projet."

"Je reste disponible pour t'aider autrement si besoin."

Exemple complet de réponse diplomatique

Contexte : Votre collègue vous demande de participer à un projet urgent, mais vous êtes déjà débordé(e).

1. Reconnaître l'importance :

"Je sais que ce projet est très important et que tu comptes sur moi."

2. Formuler votre refus :

"Cependant, je ne pourrai pas m'engager cette fois-ci."

3. Expliquer brièvement :

"Je suis déjà à pleine capacité avec mes autres responsabilités."

4. Exprimer de l'empathie :

"Je comprends que cela puisse te mettre dans une situation compliquée, et je suis désolé(e) de ne pas pouvoir t'aider davantage."

5. Proposer une alternative :

"Peut-être que [nom] pourrait te prêter main-forte, ou sinon, je peux te conseiller sur une partie du projet si ça peut t'aider."

6. Conclure positivement :

"Bon courage pour ce projet, et je reste disponible pour en discuter si tu as besoin d'idées."

Conclusion

Refuser une sollicitation importante avec diplomatie demande de la clarté, de l'empathie et une posture ferme mais respectueuse. En suivant ces étapes, vous montrez que votre refus n'est pas un rejet de la personne, mais une affirmation de vos limites et de vos priorités. Rappelez-vous : dire non est parfois le meilleur moyen de respecter à la fois vos besoins et ceux des autres.

XVI.2. Affronter un conflit lié à votre refus.

Refuser une demande peut parfois entraîner un conflit, surtout si l'autre personne ressent de la frustration ou de l'incompréhension. Il est important d'aborder ces situations avec calme et assurance pour défendre vos limites tout en préservant la relation.

Voici comment gérer un conflit lié à votre refus.

1. Préparez-vous mentalement

Rappelez-vous vos droits : Vous avez le droit de dire non sans culpabilité.

Anticipez la réaction : Imaginez les possibles objections ou frustrations de l'autre personne et préparez des réponses respectueuses.

Restez centré(e) sur vos valeurs : Votre refus est aligné avec vos priorités.

2. Restez calme et respectueux

Pourquoi ?

Éviter de répondre avec colère ou irritation permet de désamorcer une escalade du conflit.

Comment ?

Respirez profondément avant de répondre.

Parlez d'un ton posé et clair, même si l'autre personne s'énerve.

Exemple :

"Je comprends que ma réponse te déçoive, mais j'ai pris cette décision en fonction de mes besoins."

3. Reformulez votre refus avec empathie

Pourquoi ?

Cela montre que vous respectez les sentiments de l'autre, même si vous maintenez votre position.

Exemple :

"Je sais que c'est important pour toi et que tu espérais mon aide, mais je ne peux pas répondre favorablement à ta demande."

Astuce :

Utilisez la technique "je comprends, mais".

"Je comprends que tu comptes sur moi, mais je dois respecter mes engagements personnels."

4. Recherchez un compromis (si possible)

Pourquoi ?

Offrir une solution alternative peut montrer que vous êtes de bonne foi sans compromettre vos limites.

Exemple :

"Je ne peux pas m'occuper de tout, mais je peux te donner quelques conseils pour avancer."

5. Gérez les réactions émotionnelles

Si la personne s'énerve :

Ne réagissez pas à l'émotion, mais restez centré(e) sur le sujet.

Réponse possible :
"Je vois que tu es frustré(e), mais cela ne change pas ma décision."

Si la personne vous culpabilise :

Rappelez calmement vos limites.

Réponse possible :
"Je comprends ton point de vue, mais je ne peux pas aller contre ce qui est important pour moi."

Si la personne insiste :

Répétez votre refus avec fermeté (technique du disque rayé).
Exemple :
"Je ne peux pas, merci de respecter ma décision."

6. Fixez une limite si le conflit persiste

Si l'autre personne ne respecte pas vos réponses :

1. Affirmez vos limites :
"Je n'ai pas envie de continuer cette discussion. Ma réponse est claire."

2. Proposez une pause :
"Prenons un moment pour nous calmer, on pourra en reparler plus tard."

7. Réfléchissez après le conflit

Pourquoi ?

Analyser la situation vous aide à tirer des enseignements pour mieux gérer les conflits futurs.

Posez-vous les questions suivantes :

Qu'est-ce qui a déclenché le conflit ?

Mon refus était-il clair et respectueux ?

Quelles parties de la discussion se sont bien passées ?

Que pourrais-je améliorer la prochaine fois ?

Exemple de dialogue complet

Contexte : Un ami vous demande de l'aider à déménager, mais vous êtes indisponible.

1. L'ami :
"Tu ne peux vraiment pas m'aider ? Tu sais que c'est important pour moi !"

2. Vous :
"Je comprends que ce soit une période stressante pour toi, mais je ne peux pas m'engager."

3. L'ami :
"Mais tu m'avais déjà aidé l'année dernière, pourquoi pas cette fois ?"

4. Vous :
"L'année dernière, j'étais disponible, mais ce n'est pas le cas cette fois. Je dois respecter mes priorités."

5. L'ami (énervé) :
"C'est vraiment décevant. J'aurais pensé que tu serais là pour moi."

6. Vous :

"Je comprends que tu sois déçu(e), et je suis désolé(e) si cela te frustre. Mais ma décision reste la même."

Conclusion

Affronter un conflit lié à un refus peut être inconfortable, mais en restant calme, empathique et ferme, vous pouvez maintenir vos limites tout en respectant l'autre. Avec la pratique, ces situations deviendront plus faciles à gérer et renforceront votre assertivité et vos relations. Rappelez-vous : poser des limites est un acte de respect envers vous-même et les autres.

XVI.3. Expliquer vos valeurs à une personne insistante.

Quand une personne insiste après votre refus, il peut être utile d'expliquer vos valeurs pour lui faire comprendre pourquoi vous dites "non". Cela montre que votre décision repose sur des principes solides, tout en maintenant une communication respectueuse.

Étape 1 : Comprendre pourquoi expliquer vos valeurs

Clarifier votre position : Montrer que votre refus n'est pas arbitraire mais aligné avec vos priorités.

Garder une attitude respectueuse : Faire preuve d'ouverture tout en restant ferme.

Créer un terrain d'entente : Aider la personne à comprendre votre perspective peut réduire son insistance.

Étape 2 : Préparer votre réponse

1. Identifiez la valeur qui guide votre décision :

Exemple : "Le respect de mon temps personnel", "ma santé mentale", ou "mon engagement envers mes priorités."

2. Formulez une phrase simple et claire :

"Je dis non parce que je valorise beaucoup [ma santé/mon temps/mes priorités personnelles]."

Étape 3 : Communiquer vos valeurs avec bienveillance

1. Exprimez votre compréhension :

Montrez que vous respectez la demande de l'autre, même si vous refusez.

"Je comprends que ce soit important pour toi."

2. Expliquez vos valeurs :

Donnez une raison concise qui reflète vos priorités.

"Cependant, je tiens à préserver [mon temps pour moi/mon équilibre/mes engagements]."

3. Réaffirmez votre décision :

Soyez ferme mais respectueux.

"Pour cette raison, je préfère ne pas m'impliquer cette fois-ci."

Étape 4 : Exemple de dialogue

Situation :

Un collègue insiste pour que vous restiez tard pour l'aider sur un projet.

Lui : "Mais ça ne te prendrait pas beaucoup de temps, et j'ai vraiment besoin de toi."

Vous :

"Je comprends que tu sois stressé(e) par ce projet."

"De mon côté, je tiens beaucoup à respecter mes limites personnelles pour préserver mon énergie."

"C'est pourquoi je ne peux pas rester ce soir. J'espère que tu comprends."

Étape 5 : Gérer une réponse insistante

Si la personne continue à insister :

1. Répétez vos valeurs sans changer de ton :

"Comme je l'ai dit, je valorise beaucoup mon équilibre personnel. Je ne peux pas faire d'exception cette fois."

2. Fixez une limite claire :

"Je préfère qu'on arrête cette discussion, ma décision est prise."

3. Proposez une alternative si possible :

"Peut-être que [autre personne] pourrait t'aider ? Sinon, on peut en reparler demain."

Étape 6 : Restez aligné avec vos valeurs

Ne cédez pas par culpabilité : Rappelez-vous que vos valeurs sont importantes et méritent d'être respectées.

Gardez votre calme : Expliquer vos valeurs n'est pas un débat, mais une clarification de votre position.

Célébrez votre assertivité : Dire "non" avec une explication alignée à vos valeurs est une victoire personnelle.

Conclusion

Expliquer vos valeurs à une personne insistante est une manière respectueuse et puissante de renforcer votre refus. Cela montre que votre décision est réfléchie et basée sur des principes importants pour vous. Avec la pratique, cette approche vous permettra de poser vos limites tout en maintenant des relations positives et authentiques.

XVI.4. Refuser en groupe sans vous justifier.

Dire "non" dans un groupe peut sembler intimidant, car il y a une pression implicite de se conformer ou de plaire à plusieurs personnes en même temps. Cependant, il est possible de refuser avec assurance et respect, sans avoir à vous justifier excessivement. Voici comment procéder.

1. Préparez-vous mentalement

Rappelez-vous vos priorités : Sachez pourquoi vous dites "non" (même si vous ne le partagez pas).

Acceptez l'inconfort : Comprenez que votre refus peut surprendre, mais ce n'est pas une raison de céder.

2. Adoptez une posture assertive

Posture : Tenez-vous droit(e), avec une expression faciale neutre et bienveillante.

Ton : Parlez calmement mais fermement. Un ton assuré minimise les objections.

3. Formulez votre refus clairement

Utilisez une phrase concise et directe, sans vous excuser ou vous justifier.

Exemples :

"Je vais passer mon tour cette fois."

"Non, je ne suis pas disponible pour ça."

"Merci, mais je vais décliner."

4. Déplacez l'attention

Dans un groupe, il est souvent utile de rediriger la conversation pour éviter un débat prolongé sur votre refus.

Exemples :

"Qui d'autre est intéressé ?"

"Passons au prochain sujet."

5. Si quelqu'un insiste, restez ferme

Certains membres du groupe pourraient essayer de vous convaincre ou vous demander pourquoi.

Répétez calmement votre refus :

"Je préfère ne pas m'engager, mais merci de comprendre."

"Non, c'est ma décision."

Changez de sujet ou posez une question au groupe :

"Et vous, qu'en pensez-vous ?"

6. Ne tombez pas dans le piège de la justification

Justifier votre refus peut ouvrir la porte à des contestations ou à des tentatives de manipulation. Si vous sentez la pression, utilisez des phrases qui réaffirment votre choix :

"Je préfère ne pas entrer dans les détails, mais ma réponse est non."

"C'est juste ce qui me convient en ce moment."

7. Évaluez votre ressenti après le refus

Après l'interaction, prenez un moment pour réfléchir :

Comment vous êtes-vous senti(e) en disant non ?

La réaction du groupe a-t-elle été plus positive que prévu ?

Qu'avez-vous appris de cette expérience ?

Exemples de situations et réponses

Situation 1 : Participation à une activité de groupe

Demande : "On va tous sortir ce soir, tu viens ?"

Réponse :
"Merci, mais je vais passer ce soir. Amusez-vous bien !"
(Si quelqu'un insiste : "Non, mais profitez pour moi.")

Situation 2 : Tâche assignée lors d'un projet de groupe

Demande : "Est-ce que tu peux prendre en charge cette partie du projet ?"

Réponse :
"Je ne peux pas m'en charger, mais quelqu'un d'autre pourrait peut-être le faire."

Situation 3 : Achat collectif ou contribution financière

Demande : "On va tous cotiser pour acheter un cadeau. Ça te va ?"

Réponse :

"Je vais décliner cette fois, mais merci de m'avoir inclus."

Conseils pour réussir à refuser en groupe

1. Soyez constant : Plus vous dites non avec calme et respect, plus les autres s'y habitueront.

2. Gardez votre confiance : Rappelez-vous que refuser est votre droit, même en groupe.

3. Célébrez vos efforts : Reconnaissez chaque fois où vous avez refusé sans vous justifier comme une victoire personnelle.

Conclusion

Refuser en groupe sans justification excessive demande de la pratique, mais cela vous permettra de préserver vos limites tout en maintenant des relations respectueuses. En étant clair(e) et direct(e), vous établissez une dynamique où vos choix sont acceptés sans débat. Rappelez-vous : dire non n'est pas un rejet, mais une affirmation de vos priorités.

XVI.5. Désamorcer une tentative de manipulation après un refus.

Lorsque vous dites "non", certaines personnes peuvent essayer de vous manipuler pour vous faire changer d'avis. Il est important de reconnaître ces tentatives et de les désamorcer avec calme et assurance. Voici comment faire.

1. Reconnaître la manipulation

Les tentatives de manipulation peuvent se présenter sous différentes formes :

La culpabilisation :
"Après tout ce que j'ai fait pour toi, tu ne peux pas faire ça pour moi ?"

L'insistance répétée :
"Mais pourquoi pas ? Ce n'est pas si compliqué !"

Le drame émotionnel :
"Si tu refuses, je ne vais pas m'en sortir."

La flatterie excessive :
"Tu es la seule personne sur qui je peux compter pour ça."

Action : Identifiez la manipulation.

Prenez une respiration et dites-vous : "Cette réponse est une tentative de me faire culpabiliser ou de me forcer à céder."

2. Restez calme et détaché

Ne réagissez pas émotionnellement :
Répondez avec un ton neutre pour ne pas alimenter le drame.
"Je comprends que tu sois déçu(e), mais ma réponse reste la même."

Ne justifiez pas votre refus :
Plus vous donnez de raisons, plus l'autre peut essayer de les contrer.
"J'ai mes raisons, et je préfère ne pas entrer dans les détails."

3. Réaffirmez votre limite

Répétez votre refus de manière ferme mais respectueuse :
"Je comprends que c'est important pour toi, mais je ne peux pas répondre favorablement à ta demande."

Utilisez la technique du disque rayé :
Répétez calmement votre réponse à chaque tentative de manipulation.
"Non, je ne peux pas. Merci de comprendre."

4. Déjouez la culpabilisation

Montrez de l'empathie sans céder :
"Je comprends que cette situation soit difficile pour toi, mais je dois respecter mes propres limites."

Redirigez la responsabilité :
"Je suis sûr(e) que tu trouveras une solution différente."

Exemple :

Manipulation : "Si tu ne m'aides pas, tout va s'écrouler !"

Réponse : "Je comprends ton inquiétude, mais je ne peux pas m'impliquer. Peut-être que d'autres personnes peuvent t'aider."

5. Détournez la conversation

Si la personne persiste, redirigez la discussion pour éviter de rester bloqué(e) sur le refus.

Exemple :

Manipulation : "Mais pourquoi tu ne veux pas ?"

Réponse : "Je préfère qu'on passe à un autre sujet. Comment se passe [autre sujet] ?"

6. Posez des questions (technique du miroir)

Amenez la personne à réfléchir à sa propre tentative de manipulation en posant des questions ouvertes. Cela peut désamorcer la situation en douceur.

Exemple :

Manipulation : "Tu es égoïste de ne pas vouloir m'aider."

Réponse : "Pourquoi penses-tu que dire non est un acte égoïste ?"

7. Fixez des limites claires

Si la manipulation persiste, affirmez vos limites sans ambiguïté :

"J'ai déjà donné ma réponse, et je ne reviendrai pas dessus."
"Je ne me sens pas respecté(e) dans cette conversation. Je préfère qu'on en reste là."

8. Pratiquez l'autocompassion

Après avoir désamorcé la manipulation :

Rappelez-vous que dire non est votre droit :
"Je suis en droit de poser mes limites, même si cela ne plaît pas à tout le monde."

Évitez de culpabiliser :

La manipulation vise souvent à jouer sur vos émotions. Refuser, c'est protéger vos priorités et votre bien-être.

Exemple de dialogue complet :

1. Demande : "Peux-tu m'aider à terminer ce projet ce soir ? Tu sais que je compte sur toi."

2. Refus initial : "Je comprends que c'est important pour toi, mais je ne peux pas ce soir."

3. Manipulation : "Mais tu sais que je n'ai personne d'autre, c'est toujours toi qui m'aides."

4. Réponse : "Je comprends que tu sois stressé(e), mais je dois respecter mes engagements personnels."

5. Insistance : "Tu ne peux pas faire un effort ? C'est vraiment décevant."

6. Limite claire : "Je suis désolé(e) que tu ressentes cela, mais ma réponse ne change pas."

Conclusion

Désamorcer une tentative de manipulation demande calme, clarté et persévérance. En restant empathique mais ferme, vous pouvez poser vos limites sans vous laisser entraîner dans des émotions négatives. Avec la pratique, vous deviendrez plus confiant(e) dans votre capacité à dire non tout en maintenant des relations respectueuses.

XVII. Exercices d'auto-évaluation

XVII.1. Noter votre niveau de confort après chaque refus.

Pour mesurer votre progression et renforcer votre assertivité, il est essentiel d'évaluer votre niveau de confort après chaque refus. Cela vous permettra d'identifier vos forces, vos zones d'amélioration et vos réussites.

Pourquoi noter votre niveau de confort ?

1. Suivre votre évolution : Vous remarquerez comment votre confort augmente avec la pratique.

2. Comprendre vos émotions : Vous identifierez les situations où vous vous sentez à l'aise ou mal à l'aise.

3. Renforcer votre confiance : Vous célébrerez vos progrès, même les petits.

Étape 1 : Utiliser une échelle de confort

Après chaque refus, notez votre niveau de confort sur une échelle de 1 à 10 :

1 = Très inconfortable : Vous avez ressenti de la culpabilité ou de la peur.

5 = Moyen : Vous avez réussi à dire non, mais avec un peu de tension.

10 = Très confortable : Vous êtes fier(e) de votre réponse, sans culpabilité ni stress.

Étape 2 : Analysez vos émotions

Que ressentez-vous après le refus ?

Soulagement ?

Culpabilité ?

Fierté ?

Stress ou tension ?

Qu'est-ce qui a influencé votre confort ?

Votre formulation (claire, vague, hésitante).

La réaction de l'autre (compréhension, insistance).

Le contexte (professionnel, personnel).

Étape 3 : Tenir un journal de suivi

Consignez chaque refus et votre niveau de confort pour suivre vos progrès. Voici un modèle :

Étape 4 : Réfléchir aux améliorations possibles

Qu'avez-vous bien fait ?

Par exemple : "J'ai gardé un ton calme et respectueux."

Quels aspects pourraient être améliorés ?

Par exemple : "J'aurais pu être plus clair(e) pour éviter l'insistance."

Étape 5 : Célébrer vos progrès

Reconnaissez chaque réussite, même si elle semble petite.

"Aujourd'hui, j'ai dit non sans culpabilité, et cela m'a fait du bien."

Observez les tendances dans vos notes :

"Je remarque que mon niveau de confort passe de 5 à 7 dans les situations sociales."

Conclusion

Noter votre niveau de confort après chaque refus est un excellent moyen de mieux comprendre vos réactions et d'améliorer vos compétences en communication. Avec la pratique, votre confort augmentera, et dire non deviendra une seconde nature. Rappelez-vous : chaque refus est une opportunité de progresser et de vous respecter davantage.

XVII.2. Observer si votre manière de dire "non" évolue.

Prendre conscience de l'évolution de votre capacité à dire "non" est essentiel pour mesurer vos progrès et ajuster vos efforts. Voici un guide pour observer cette progression et en tirer des enseignements.

Étape 1 : Identifier votre point de départ

1. Notez vos réactions initiales

Comment disiez-vous "non" au début ?

Étiez-vous hésitant(e), vague ou évitiez-vous complètement de refuser ?

Entriez-vous dans des justifications excessives ?

Exemple :

"Je disais souvent oui même si je ne voulais pas, pour éviter les conflits."

2. Identifiez vos émotions initiales

Ressentiez-vous de la culpabilité, de la peur ou de l'inconfort en disant non ?

Aviez-vous tendance à vous excuser trop souvent ?

Étape 2 : Mettre en place un suivi

1. Tenez un journal de vos refus

Notez chaque situation où vous avez dit "non".

Incluez :

La situation (à qui et pourquoi).

Votre formulation.

La réaction de l'autre personne.

Votre ressenti après avoir dit non.

Exemple de journal : | Date | Situation | Formulation | Réaction de l'autre | Votre ressenti | |---------------|-------------------------------|-------------------------------|-------------------------------|-----------------------------------| | 01/12 | Collègue demandant de l'aide | "Je ne peux pas, désolé." | Compréhensif | Soulagé(e), un peu nerveux(se). | | 03/12 | Ami invitant à une soirée | "Merci, mais je ne suis pas disponible." | Déçu mais compréhensif | Fier(e) de respecter mes limites. |

2. Répétez régulièrement

Observez vos comportements sur une période donnée (par exemple : une semaine, un mois).

Comparez les différences au fil du temps.

Étape 3 : Analyser votre progression

1. Comparez vos formulations

Avant : Étiez-vous vague ou trop justificateur ?

Exemple : "Je ne sais pas, peut-être que je peux..."

Maintenant : Êtes-vous plus clair(e) et assertif (ve) ?

Exemple : "Je ne peux pas, merci de comprendre."

2. Évaluez vos émotions

Avant : Ressentiez-vous de la culpabilité ou de la peur ?

Maintenant : Vous sentez-vous plus confiant(e) et en paix avec vos décisions ?

3. Observez les réactions des autres

Les gens respectent-ils davantage vos limites ?

Y a-t-il moins d'insistance ou de pression ?

Étape 4 : Identifier les facteurs de succès

1. Quels outils ou techniques fonctionnent ?

Utilisation d'affirmations personnelles.

Pratique de phrases simples comme "Je ne préfère pas."

Geste ou posture pour renforcer votre confiance.

2. Quelles situations sont les plus faciles pour dire "non" ?

Refus sociaux (ex. : invitations).

Refus professionnels (ex. : tâches supplémentaires).

Étape 5 : Célébrer vos progrès

Félicitez-vous : Reconnaissez chaque petit pas, même si tout n'est pas encore parfait.

Exemple : "J'ai réussi à refuser une demande sans culpabilité."

Notez vos succès marquants :

"J'ai dit non à une tâche au travail et mon manager l'a bien accepté."

Étape 6 : Ajuster pour continuer à progresser

Identifier les défis restants :

Dans quelles situations avez-vous encore du mal ?

Exemples : pressions familiales, manipulation émotionnelle.

Créer un plan d'amélioration :

Pratiquer des réponses plus adaptées.

S'entraîner à rester calme face à l'insistance.

Conclusion

Observer l'évolution de votre manière de dire "non" vous permet de mesurer vos progrès, d'identifier ce qui fonctionne et de renforcer votre confiance. Avec le temps, dire non deviendra un acte naturel et affirmé, vous permettant de mieux respecter vos priorités et vos besoins. Rappelez-vous : chaque "non" prononcé avec clarté et respect est une victoire sur le chemin de l'assertivité.

XVII.3. Demander un retour honnête à vos proches.

Obtenir un retour constructif de vos proches sur la manière dont vous dites non peut être un outil puissant pour améliorer votre assertivité tout en maintenant des relations harmonieuses. Voici comment demander, recevoir et utiliser ces retours de manière efficace.

Pourquoi demander un retour honnête ?

1. Améliorer votre communication : Vous comprenez comment vos refus sont perçus.

2. Renforcer vos relations : Montrer que vous êtes ouvert(e) au dialogue peut renforcer la confiance.

3. Développer votre assertivité : Vous identifiez les points à améliorer pour dire non avec assurance et bienveillance.

Étape 1 : Préparer la demande de retour

1. Choisir les bonnes personnes

Demandez à des personnes de confiance qui peuvent vous donner un avis honnête et constructif (amis proches, partenaires, membres de la famille).

Privilégiez ceux qui ont été récemment confrontés à vos refus.

2. Clarifier votre objectif

Expliquez pourquoi vous souhaitez un retour :

Exemple :
"J'essaie d'améliorer ma façon de poser des limites et de dire non. Ton retour m'aiderait à mieux comprendre comment je suis perçu(e)."

3. Préparer des questions précises

Posez des questions ouvertes pour obtenir des retours clairs et utiles :

"Quand je dis non, est-ce que cela te semble clair et respectueux ?"
"Est-ce que tu ressens parfois de la frustration ou de l'incompréhension face à mes refus ?"

"Comment pourrais-je mieux communiquer mes limites ?"

Étape 2 : Recevoir le retour avec ouverture

1. Écouter sans interruption

Laissez la personne exprimer son avis sans l'interrompre ou la contredire.

Prenez des notes si nécessaire pour vous souvenir des points clés.

2. Poser des questions pour clarifier

Si quelque chose n'est pas clair, demandez des précisions :

Exemple :
"Peux-tu me donner un exemple précis où tu as ressenti cela ?"

3. Rester ouvert et non défensif

Évitez de vous justifier ou de vous défendre.

Rappelez-vous que le retour est une opportunité d'apprentissage, pas une critique personnelle.

Étape 3 : Analyser et intégrer le retour

1. Identifier les points positifs

Notez ce que vous faites bien pour continuer à renforcer ces comportements.

Exemple :
"Tu es clair(e) dans tes refus, et je trouve que tu respectes les autres tout en posant tes limites."

2. Repérer les points d'amélioration

Concentrez-vous sur un ou deux aspects à travailler.

Exemple :
"Parfois, tu sembles un peu brusque, même si tu as raison de dire non."

3. Créer un plan d'action

Adoptez des actions spécifiques pour améliorer vos refus.

Exemple :
"Je vais m'entraîner à utiliser un ton plus chaleureux en disant non."

Exemple de demande et retour

1. Votre demande :

"J'aimerais avoir ton avis honnête sur la façon dont je dis non. Est-ce que tu te sens respecté(e) ou parfois frustré(e) par mes réponses ?"

2. Retour du proche :

"Je trouve que tu es assez direct(e), ce qui est bien, mais parfois cela peut sembler un peu abrupt, surtout quand je ne m'attends pas à un refus."

3. Votre réponse :

"Merci pour ton retour. C'est intéressant, je vais essayer de formuler mes refus avec un peu plus de douceur. Si tu remarques une amélioration, dis-le-moi.

Étape 4 : Continuer à demander des retours réguliers

Proposer des suivis : Après quelques semaines ou mois, demandez si vos efforts sont visibles.
"As-tu remarqué une différence dans la façon dont je dis non ?"

Élargir les perspectives : Demandez des retours à d'autres proches ou collègues pour obtenir une vision plus complète.

Bénéfices de cette approche

1. Relation renforcée : Vos proches apprécieront votre ouverture et votre volonté de vous améliorer.

2. Confiance accrue : En intégrant les retours, vous gagnez en assurance dans vos interactions.

3. Meilleure communication : Vous développez une façon de dire non qui est à la fois respectueuse et efficace.

Conclusion

Demander un retour honnête à vos proches sur vos refus est un moyen constructif de grandir personnellement et relationnellement. Soyez ouvert(e) à leurs observations, intégrez leurs suggestions, et continuez à pratiquer. Rappelez-vous : dire non est un art que l'on perfectionne avec le temps et l'expérience.

XVII.4. Évaluer les réactions des autres à vos refus.

Observer et analyser les réactions des autres à vos refus est une étape importante pour renforcer votre capacité à poser des limites. Cela vous aide à mieux comprendre les dynamiques relationnelles et à ajuster votre communication pour qu'elle reste respectueuse et assertive.

Pourquoi évaluer les réactions des autres ?

1. Comprendre leur point de vue : Cela permet d'identifier comment votre refus est perçu (positivement, négativement ou avec neutralité).

2. Renforcer votre assertivité : Vous apprenez à gérer les réponses émotionnelles ou insistantes sans culpabilité.

3. Améliorer vos interactions : Vous ajustez votre façon de refuser pour qu'elle soit claire tout en maintenant de bonnes relations.

Étape 1 : Observer les réactions immédiates

1. Quel ton ou attitude ont-ils adopté ?

Acceptation (sourire, compréhension) : "Je comprends, pas de souci."

Insistance (reformulation, répétition) : "Mais ça ne te prendra pas longtemps, non ?"

Déception (soupir, frustration) : "Ah, dommage..."

Culpabilisation (ton accusateur) : "Vraiment ? Mais tu sais que j'ai besoin de toi !"

2. Quels indices non verbaux avez-vous remarqués ?

Sourires, hochements de tête (positif).

Soupirs, bras croisés, évitement du regard (négatif).

Étape 2 : Analyser la dynamique

Posez-vous les questions suivantes :

Leur réaction reflète-t-elle une déception personnelle ou une pression sur vous ?

Exemple : Sont-ils frustrés parce qu'ils comptaient sur vous ou cherchent-ils à vous manipuler ?

Leur réaction change-t-elle selon la manière dont vous avez formulé votre refus ?

Étiez-vous clair(e) et respectueux(se) dans votre réponse ?

Votre ton était-il calme ou hésitant ?

Étape 3 : Évaluer vos propres ressentis

Analysez comment la réaction de l'autre vous a affecté(e) :

Avez-vous ressenti de la culpabilité ou de l'inconfort ?

Vous êtes-vous senti(e) soulagé(e) après avoir posé vos limites ?

Leur réaction a-t-elle influencé votre confiance en votre décision ?

Étape 4 : Ajuster votre approche si nécessaire

1. Si la réaction est positive :

Renforcez cette manière de refuser : "J'ai vu que mon ton calme a aidé à faire accepter mon refus."

Répétez cette stratégie dans d'autres situations.

2. Si la réaction est négative ou insistante :

Évaluez si vous pouvez clarifier votre refus.

Par exemple : "Je comprends que cela te déçoive, mais je ne peux pas m'engager pour cette tâche."

Restez ferme tout en exprimant de l'empathie :

"Je vois que c'est important pour toi, mais ma décision est prise."

3. Si la culpabilisation est utilisée :

Identifiez si vous êtes manipulé(e) :

"Si tu m'aimes, tu devrais faire ça pour moi."

Rappelez-vous que dire non est votre droit :

"Je comprends ton point de vue, mais je dois respecter mes priorités."

Étape 5 : Prendre des notes sur les réactions

Tenir un journal des refus et des réactions vous aide à analyser les dynamiques et à progresser.

Étape 6 : Développer une stratégie à long terme

1. Accepter que vous ne puissiez pas contrôler toutes les réactions : Certaines personnes réagiront mal malgré votre bienveillance. C'est leur responsabilité, pas la vôtre.

2. Pratiquer la constance :

Plus vous refusez de manière respectueuse mais ferme, plus les autres s'habitueront à respecter vos limites.

3. Renforcer vos limites émotionnelles

Rappelez-vous que dire non est une manière de prendre soin de vous.

Conclusion

Évaluer les réactions des autres à vos refus est un exercice qui vous aide à mieux comprendre les dynamiques relationnelles et à renforcer votre assertivité. Avec le temps, vous gagnerez en confiance, et vos refus deviendront une partie naturelle de vos interactions, sans culpabilité ni tension. Rappelez-vous : chaque non respectueux est un pas vers une vie équilibrée et alignée avec vos priorités.

XVII.5. Comparer votre confiance avant et après chaque exercice.

Observer l'évolution de votre confiance avant et après chaque exercice est une manière efficace de mesurer vos progrès et de renforcer votre motivation.

Voici une méthode simple pour évaluer et comparer votre niveau de confiance.

Étape 1 : Évaluer votre confiance avant l'exercice

Avant de commencer chaque exercice, prenez un moment pour réfléchir à votre état d'esprit. Posez-vous les questions suivantes :
1. Sur une échelle de 1 à 10, comment évaluez-vous votre confiance actuelle ?

1 = Pas du tout confiant(e).

10 = Très confiant(e).

2. Quelles émotions ressentez-vous ?

Par exemple : hésitation, nervosité, calme, assurance.

3. Quels sont vos doutes ou appréhensions concernant l'exercice ?

Par exemple : "J'ai peur de ne pas savoir quoi dire." ou "Je crains de ne pas être compris(e)."

Étape 2 : Réaliser l'exercice

Exécutez l'exercice en vous concentrant sur vos intentions et en appliquant les techniques suggérées.

Étape 3 : Évaluer votre confiance après l'exercice

Une fois l'exercice terminé, évaluez à nouveau votre confiance et notez vos ressentis :

1. Sur une échelle de 1 à 10, comment évaluez-vous votre confiance maintenant ?

Comparez cette note avec celle donnée avant l'exercice

2. Comment vous sentez-vous ?

Par exemple : soulagé(e), satisfait(e), motivé(e), plus sûr(e) de vous.

3. Quels apprentissages ou réalisations avez-vous eus ?

Par exemple : "Je me suis rendu(e) compte que dire non n'était pas si difficile."

Étape 4 : Suivi des progrès

Consignez vos évaluations dans un journal ou une feuille de suivi pour observer votre évolution au fil du temps.

Exemple de tableau de suivi :

Étape 5 : Réflexion régulière

À intervalles réguliers (par exemple, chaque semaine), relisez vos notes pour :

Identifier les exercices qui ont le plus renforcé votre confiance.

Déterminer les situations où vous pourriez encore vous améliorer.

Célébrer vos progrès.

Conclusion

Comparer votre confiance avant et après chaque exercice vous aide à prendre conscience de vos progrès et à consolider votre assurance. Avec le temps, cette pratique vous permettra de transformer des moments d'hésitation en des occasions de croissance et de maîtrise. Rappelez-vous : chaque petit pas compte.

XVIII. Exercices d'ancrage

XVIII.1. Créer une affirmation personnelle pour renforcer vos limites.

Les affirmations personnelles sont des phrases positives et motivantes qui vous aident à vous ancrer dans vos valeurs et à renforcer votre capacité à poser des limites. Elles agissent comme un rappel constant de votre droit à dire non et à respecter vos besoins.

Exemples d'affirmations personnelles :

1. "Je mérite de prioriser mes besoins sans culpabilité."

2. "Dire non est un acte de respect envers moi-même et les autres."

3. "Je suis libre de choisir ce qui est important pour moi."

4. "Mes limites protègent mon temps, mon énergie et ma paix intérieure."

5. "Je dis non avec confiance et bienveillance."

6. "Fixer des limites est un acte de courage et de self-love."

7. "Je suis aligné(e) avec mes valeurs, et mes choix reflètent cette harmonie."

8. "Je n'ai pas à me justifier pour protéger mon bien-être."

9. "Chaque non que je dise ouvre la porte à un oui plus sincère."

10. "Je suis maître(sse) de mes choix et de mon temps."

Comment créer votre propre affirmation ?

1. Identifiez vos besoins et vos valeurs :

Quelles sont vos priorités (temps, santé, famille, travail) ?

Quel aspect de vos limites souhaitez-vous renforcer ?

2. Choisissez un langage positif :

Utilisez des mots qui inspirent confiance (exemple : "je mérite", "je choisis", "je protège").

Évitez les phrases négatives ou restrictives (exemple : "Je ne devrais pas...").

3. Rendez-la personnelle et spécifique :

Exprimez une affirmation qui résonne profondément avec votre expérience.

Exemple :

"Je choisis de protéger mon temps pour les choses qui comptent vraiment."

4. Utiliser votre affirmation au quotidien

1. Matin : Répétez votre affirmation chaque matin pour commencer la journée avec clarté.

2. Pendant une interaction : Si vous devez poser une limite, répétez mentalement votre affirmation avant de répondre.

3. Avant de vous coucher : Notez-le dans un journal ou méditez dessus pour intégrer cette conviction.

Conclusion

Votre affirmation personnelle est un outil puissant pour renforcer vos limites et vous rappeler que dire non est une manière de respecter vos priorités et vos besoins. Prenez le temps de créer une phrase qui vous inspire et répétez-la régulièrement pour en faire une ancre de confiance.

XVIII.2. Associer un geste à votre refus (ex. croiser les bras).

Un geste associé à votre refus peut être une manière puissante de renforcer votre communication non verbale. Cela aide à exprimer clairement vos limites, tout en vous donnant une présence plus assurée. Voici des gestes simples et efficaces que vous pouvez associer à vos refus.

Pourquoi associer un geste à votre refus ?

1. Renforcer votre message :

Les gestes appuient vos paroles, rendant votre "non" plus crédible.

2. Transmettre de l'assurance :

Une posture ferme montre que vous êtes sûr(e) de vous.

3. Créer un ancrage personnel :

Le geste devient un déclencheur mental pour vous rappeler de poser vos limites.

Gestes à associer à votre refus

1. Croiser les bras

Signification : Indique une fermeture respectueuse et une détermination.

Quand l'utiliser : Lorsque vous voulez exprimer un refus ferme mais calme.

Exemple :
"Je ne peux pas accepter cette demande pour le moment." (Croisez doucement les bras en parlant.)

2. Paume levée (geste stop)

Signification : Un signal visuel de limite.

Quand l'utiliser : Pour interrompre une insistance ou marquer une frontière.

Exemple :
"Merci, mais je vais devoir refuser." (Levez une paume légèrement, comme pour dire "stop".)

3. Mains sur les hanches

Signification : Une posture de confiance et d'autorité.

Quand l'utiliser : Pour affirmer un refus dans une situation où vous devez montrer du leadership.

Exemple :
"Je ne peux pas m'engager sur ce projet, j'ai déjà d'autres priorités." (Positionnez vos mains sur vos hanches.)

4. Incliner légèrement la tête

Signification : Montre de l'écoute et du respect tout en affirmant votre position.

Quand l'utiliser : Pour refuser poliment mais fermement.

Exemple :
"Je comprends votre point de vue, mais je ne peux pas accepter." (Inclinez légèrement la tête en montrant de l'empathie.)

5. Joindre les mains devant vous

Signification : Évoque la sérénité et la réflexion.

Quand l'utiliser : Dans des contextes où vous devez refuser tout en montrant une attitude pacifique.

Exemple :
"Je préfère ne pas m'engager sur cette tâche pour le moment." (Joignez vos mains calmement devant vous.)

6. Regarder directement dans les yeux

Signification : Renforce la sincérité et la confiance dans votre refus.

Quand l'utiliser : Toujours, pour établir une connexion et transmettre votre sérieux.

Exemple :
"Je dois refuser cette fois, mais merci de m'avoir demandé." (Maintenez le contact visuel tout au long.)

7. Légère inclinaison en arrière

Signification : Met de la distance physique symbolique.

Quand l'utiliser : Lorsque quelqu'un insiste et que vous voulez affirmer vos limites.

Exemple :
"Je comprends votre insistance, mais ma réponse reste non." (Reculez légèrement pour renforcer votre limite.)

8. Pointe du doigt vers le bas (ancrage)

Signification : Symbolise que votre décision est finale et ancrée.

Quand l'utiliser : Pour affirmer un refus définitif.

Exemple :
"C'est une décision ferme pour moi, merci de votre compréhension." (Accompagnez vos paroles en pointant doucement vers le bas.)

9. Dessiner une ligne imaginaire avec la main

Signification : Représente une frontière symbolique.

Quand l'utiliser : Lorsque vous devez poser des limites claires.

Exemple :
"Je ne peux pas aller au-delà de ce que j'ai déjà accepté." (Faites un mouvement horizontal avec votre main.)

10. Lever légèrement le menton

Signification : Reflète la confiance et la clarté dans votre décision.

Quand l'utiliser : Pour montrer que vous êtes sûr(e) de vous, sans agressivité.

Exemple :
"Non, ce n'est pas possible pour moi aujourd'hui." (Gardez votre menton légèrement levé en parlant.)

Comment intégrer ces gestes dans vos refus ?

1. Entraînez-vous devant un miroir

Testez différents gestes associés à vos phrases de refus.

Observez comment vous vous sentez en les utilisant.

2. Pratiquez dans des situations simples

Commencez par des contextes sans enjeu, comme refuser une collation supplémentaire ou une sollicitation commerciale.

3. Faites-en un réflexe

Associez un geste à une émotion ou un contexte particulier pour en faire un automatisme.

4. Adaptez selon la situation

Utilisez des gestes plus doux dans des contextes amicaux ou familiaux.

Employez des gestes plus affirmés dans des situations professionnelles ou avec des personnes insistantes.

Conclusion

Associer un geste à votre refus vous aide à renforcer votre message et à montrer de l'assurance dans vos décisions. Ces gestes simples, combinés à un ton respectueux, créent une communication non verbale puissante et crédible. Rappelez-vous : Votre posture et vos gestes parlent autant que vos mots.

XVIII.3. Porter un objet symbolique pour vous rappeler vos droits.

Porter un objet symbolique est une façon subtile mais puissante de renforcer votre confiance et de vous rappeler vos droits à dire non, à poser des limites et à respecter vos priorités. Cet objet agit comme une ancre mentale qui vous aide à rester aligné avec vos valeurs.

Pourquoi porter un objet symbolique ?

1. Rappel constant : Il vous aide à rester conscient de vos droits, même dans des situations difficiles.

2. Source de force : L'objet devient une représentation tangible de votre confiance et de votre capacité à dire non.

3. Outil pratique : Discret et facile à intégrer dans votre vie quotidienne, il agit comme un signal visuel ou tactile.

Étape 1 : Choisir l'objet

Sélectionnez un objet qui a une signification personnelle ou symbolique pour vous. Voici quelques idées :

Un bijou : Une bague, un bracelet ou un collier qui représente votre engagement envers vous-même.

Une pierre ou un cristal : Par exemple, l'améthyste pour la clarté mentale ou l'obsidienne pour la protection.

Une montre : Symbolisant le respect de votre temps personnel.

Un pin's ou une broche : Avec un mot ou un symbole puissant comme un bouclier ou une balance.

Un élastique ou un ruban : Porté au poignet, il peut être une ancre discrète.

Un porte-clés : Avec une phrase inspirante gravée.

Étape 2 : Donner une signification à l'objet

Associez une intention claire à votre objet. Ce peut être une affirmation ou une pensée motivante.

Exemple d'intention :

"Quand je regarde cette bague, je me rappelle que j'ai le droit de dire non."

"Cette montre me rappelle que mon temps est précieux et que je peux choisir comment l'utiliser."

"Ce bracelet symbolise ma force intérieure et ma capacité à poser des limites."

Étape 3 : Utiliser l'objet dans des situations concrètes

1. Avant une interaction difficile :

Regardez ou touchez l'objet pour vous rappeler votre intention.

Prenez une respiration profonde et dites-vous : "Je suis en contrôle de mes choix."

2. Pendant la conversation :

Touchez discrètement l'objet si vous commencez à douter ou à ressentir de la pression.

Laissez-le renforcer votre posture et votre ton assertif.

3. Après la conversation :

Félicitez-vous d'avoir respecté vos limites en regardant votre objet.

Laissez-le devenir un symbole de vos progrès.

Étape 4 : Ancrer une habitude positive

Associez l'objet à une routine quotidienne : Chaque matin, en mettant votre bijou ou en prenant votre porte-clés, répétez une affirmation comme : "Je suis libre de dire non et de choisir ce qui est important pour moi."

Renforcez l'association mentale : Imaginez l'objet rayonner de confiance chaque fois que vous le portez.

Objet	Signification
Bague en argent	Représente la force et la clarté
Bracelet en cuir	Symbolise votre engagement à poser des limites claires.
Montre vintage	Un rappel visuel de la gestion du temps et du respect de vos priorités.
Pendaentif en forme d'arbre	Evoque vos racines et votre stabilité

Exemple d'objets et de significations :

Avantages de cette méthode

Simplicité : Facile à intégrer dans votre quotidien sans effort.

Discrétion : Vous pouvez l'utiliser sans que personne ne remarque sa signification.

Impact émotionnel : L'objet agit comme un rappel constant de vos priorités et de votre droit à dire non.

Conclusion

Porter un objet symbolique est une manière simple mais puissante de renforcer votre capacité à dire non et à respecter vos limites. Ce petit geste quotidien vous reconnecte à votre force intérieure et vous guide vers des choix alignés avec vos valeurs. Choisissez un objet qui résonne avec vous et laissez-le devenir votre ancre de confiance et de respect de soi.

XVIII.4. Visualiser un symbole de force avant de dire "non".

La visualisation est une technique puissante pour renforcer votre confiance avant de poser des limites ou de refuser une demande. En imaginant un symbole de force, vous vous ancrez mentalement et émotionnellement dans une position d'assurance et de calme.

Voici comment intégrer cette pratique dans votre quotidien :

Étape 1 : Choisir un symbole de force

Sélectionnez une image ou une métaphore qui représente pour vous la force, l'équilibre et l'assurance. Ce symbole doit évoquer des sentiments de puissance et de sérénité. Voici quelques idées :

Un arbre robuste : Ses racines profondes et son tronc solide symbolisent votre stabilité et votre ancrage.

Un lion ou une lionne : Confiant, majestueux, il/elle inspire le courage.

Une montagne : Immuable face aux éléments, elle représente la résilience.

Un bouclier : Protecteur, il incarne vos limites.

Une lumière brillante : Évoquant la clarté et la détermination.

Étape 2 : Ancrer le symbole dans votre esprit

1. Visualisation quotidienne :

Prenez quelques minutes chaque jour pour fermer les yeux et imaginer votre symbole.

Ressentez sa force, son calme et sa stabilité.

Associez une phrase à cette image, comme : "Je suis solide comme un arbre, mes racines me soutiennent."

2. Lien avec votre "non" :

Imaginez votre symbole chaque fois que vous vous apprêtez à refuser une demande.

Associez-le à votre voix intérieure : "Ce symbole est ma force, je suis capable de dire non."

Étape 3 : Utiliser la visualisation dans des situations concrètes

1. Avant une interaction :

Prenez une respiration profonde.

Fermez les yeux brièvement et visualisez votre symbole.

Imaginez qu'il vous transmet sa puissance et son calme.

2. Pendant la conversation :

Si vous commencez à douter, rappelez-vous mentalement votre symbole.

Adoptez une posture droite et parlez avec assurance en pensant à votre symbole.

3. Après la conversation :

Réfléchissez à la manière dont votre symbole vous a aidé.

Renforcez son efficacité en vous félicitant de votre réussite.

Exemple de pratique : Le bouclier

Situation : Un collègue vous demande de l'aider sur une tâche alors que vous êtes déjà débordé(e).

Visualisation : Imaginez un bouclier solide entre vous et la demande. Il ne repousse pas agressivement, mais il affirme une limite.

Réponse : Vous dites calmement : "Je comprends que tu as besoin d'aide, mais je ne peux pas cette fois-ci.

Étape 4 : Rendre votre symbole plus puissant

Associez-le à une image physique : Dessinez-le, portez un bijou ou un objet qui le représente.

Ajoutez une couleur ou une texture : Imaginez-le encore plus vibrant et détaillé.

Renforcez-le par des affirmations : Répétez des phrases positives liées à votre symbole, comme "Je suis inébranlable comme une montagne."

Conclusion

Visualiser un symbole de force est une manière simple et efficace de renforcer votre assurance avant de dire non. Que ce soit un arbre, un lion ou une lumière, laissez ce symbole vous rappeler votre capacité à poser des limites claires et respectueuses. Chaque "non" prononcé avec confiance est un pas vers une vie plus alignée avec vos valeurs et vos priorités.

XVIII.5. Adopter une posture droite pour renforcer votre autorité.

La posture joue un rôle essentiel dans la manière dont vous êtes perçu(e) et dans votre propre ressenti de confiance en vous. Une posture droite et assurée envoie un message de respect, d'autorité et de clarté dans vos interactions, en particulier lorsque vous devez dire non ou poser des limites.

Pourquoi une posture droite est importante ?

1. Renforce la confiance en soi : Une posture droite influence positivement votre état d'esprit, vous aidant à vous sentir plus sûr(e) de vous.

2. Communique de la clarté : Elle envoie un signal non verbal de respect et d'assurance aux autres.

3. Améliore votre voix : Une posture droite permet une meilleure respiration et donne un ton plus ferme et posé à vos paroles.

Comment adopter une posture droite ?

1. Position debout :

Pieds : Placez-les à la largeur des épaules pour une base stable.

Dos : Gardez-le droit, sans cambrer exagérément.

Épaules : Relâchez-les vers l'arrière, loin des oreilles.

Tête : Maintenez-la droite, avec le menton légèrement relevé.

Bras : Laissez-les tomber naturellement ou utilisez vos mains pour appuyer vos paroles.

2. Position assise :

Dos : Appuyez-vous contre le dossier de la chaise, en gardant le dos droit.

Pieds : Posez-les à plat sur le sol pour une position stable.

Bras : Posez-les sur la table ou sur vos genoux, détendus.

3. Regard :

Maintenez un contact visuel direct, sans être intimidant.

Regardez la personne dans les yeux pour montrer votre engagement et votre assurance.

Pratique : Améliorer votre posture au quotidien

Exercice de base :

Tenez-vous debout contre un mur, les talons, le bas du dos et la tête touchant la surface.

Restez ainsi quelques secondes pour sentir ce qu'est une posture droite.

Reproduisez cette sensation dans vos activités quotidiennes.

Exercice de respiration :

Inspirez profondément en levant légèrement le torse.

Expirez lentement tout en gardant votre dos droit et vos épaules détendues.

Cette technique vous aide à paraître calme et assuré(e).

Vérifications régulières :

Faites un "check" rapide de votre posture pendant la journée, surtout avant une interaction importante.
Demandez-vous : "Mes épaules sont-elles relâchées ? Mon dos est-il droit ? Je suis aligné(e) ?"

Impact sur vos interactions

1. Renforcer vos refus :

Une posture droite rend vos "non" plus convaincants. Par exemple :
Posture avachie : "Je ne pense pas que je puisse, désolé(e)." (Paraît hésitant)

Posture droite : "Merci de penser à moi, mais je ne peux pas cette fois." (Paraît ferme et clair)

2. Gagner en crédibilité :

Les gens accordent plus d'attention et de respect à quelqu'un qui se tient droit et s'exprime clairement.

3. Établir une présence :

Une posture droite montre que vous êtes engagé(e) et confiant(e), même dans des situations difficiles.

Affirmation pour accompagner votre posture :

"Je suis aligné(e), confiant(e), et capable de faire respecter mes choix."

Adopter une posture droite, c'est non seulement une clé pour renforcer votre autorité, mais aussi une manière de vous sentir à l'aise dans votre capacité à dire non et à poser vos limites.

XIX. Exercices pour enfants ou débutants

XIX.1. Pratiquer des réponses simples comme "je ne préfère pas".

Apprendre à dire "je ne préfère pas" est une manière douce mais efficace de refuser sans entrer dans des justifications longues ou complexes. Voici un guide pour pratiquer cette réponse simple dans différents contextes et situations.

Pourquoi "je ne préfère pas" ?

Neutre : Cette phrase exprime un refus sans agressivité.

Respectueux : Elle ne rejette pas directement la demande, mais exprime une préférence personnelle.

Facile à utiliser : Elle est adaptable à de nombreuses situations.

Exemples de contextes pour pratiquer "je ne préfère pas"

1. Invitations sociales

Scénario : Un ami vous invite à une soirée.
Réponse : "Merci pour l'invitation, mais je ne préfère pas sortir ce soir."

2. Sollicitations commerciale

Scénario : Un vendeur vous propose un abonnement inutile.
Réponse : "Je ne préfère pas souscrire à un abonnement pour le moment, merci."

3. Propositions au travail

Scénario : Un collègue vous demande de participer à un projet qui n'est pas prioritaire.
Réponse : "Je ne préfère pas m'engager dans ce projet en ce moment. J'ai déjà beaucoup à gérer."

4. Activités non désirées

Scénario : Un ami insiste pour aller courir avec vous, mais vous détestez courir.
Réponse : "Je ne préfère pas courir, mais je serais partant(e) pour une marche."

5. Tâches familiales

Scénario : Un membre de la famille vous demande de faire une tâche qui n'est pas votre responsabilité.
Réponse : "Je ne préfère pas m'occuper de ça, mais je peux t'aider à trouver une solution."

6. Invitations alimentaires

Scénario : On vous propose un dessert ou un plat que vous n'aimez pas.
Réponse : "Merci, mais je ne préfère pas en prendre."

7. Prêts d'objets

Scénario : Un ami vous demande de lui prêter quelque chose que vous ne voulez pas partager.
Réponse : "Je ne préfère pas prêter ça, désolé(e)."

Astuce : Adaptez votre ton

Chaleureux : Utilisez un ton amical pour adoucir le refus.

Ferme : Soyez clair pour éviter les malentendus.

Neutre : Gardez un ton calme pour rester respectueux.

Variations de "je ne préfère pas"

"Je préfère éviter."

"Je ne préfère pas m'engager pour le moment."

"Ce n'est pas ma priorité pour l'instant."

"Je préfère décliner cette fois-ci."

Exercice pour pratiquer

1. Listez des situations courantes dans lesquelles vous pourriez dire "je ne préfère pas".

2. Entraînez-vous devant un miroir à dire cette phrase avec un ton calme et assuré.

3. Testez dans la vie quotidienne :
Par exemple, refusez un café supplémentaire avec "Je ne préfère pas, merci."

Conclusion

Dire "je ne préfère pas" est une manière simple, respectueuse et efficace de poser vos limites. Avec la pratique, cette réponse deviendra un réflexe naturel, vous permettant de refuser sans culpabilité et de préserver vos priorités.

XIX.2. Jouer à refuser dans des scénarios fictifs.

Le jeu de rôle est une méthode ludique et efficace pour s'entraîner à dire non dans différentes situations. Voici des scénarios fictifs variés où vous pouvez pratiquer vos refus tout en développant des réponses assertives et bienveillantes.

Comment jouer ?

1. Préparation :

Choisissez un partenaire pour jouer le rôle de la personne faisant une demande.

Vous jouez le rôle de celui qui doit refuser.

2. Règles :

Répondez avec clarté, calme et respect.

Justifiez votre refus si nécessaire, mais sans excès.

Cherchez des alternatives si possibles.

3. Variante :

Jouez seul en imaginant les dialogues ou écrivez vos réponses dans un carnet.

Scénarios fictifs :

1. Refuser une demande de collègue

Scénario : Votre collègue vous demande de finir un rapport pour lui car il doit partir plus tôt.

Vous : "Je comprends que tu sois pressé, mais je suis déjà surchargé(e) aujourd'hui. Je ne peux pas prendre cette tâche en plus. Peut-être que quelqu'un d'autre pourra t'aider ?"

2. Refuser une invitation sociale

Scénario : Un ami insiste pour que vous veniez à une fête, mais vous avez besoin de temps pour vous reposer.

Vous : "Merci pour l'invitation, mais je vais devoir décliner cette fois. J'ai vraiment besoin de me reposer. Amusez-vous bien, on se rattrape bientôt !"

3. Refuser une sollicitation commerciale

Scénario : Un vendeur vous propose un abonnement que vous n'avez pas besoin.

Vous : "Merci pour votre proposition, mais je ne suis pas intéressé(e). Bonne continuation."

4. Refuser un prêt d'argent

Scénario : Un proche vous demande de lui prêter une somme importante.

Vous : "Je comprends que tu sois dans une situation difficile, mais je ne peux pas te prêter cette somme. J'espère que tu trouveras une autre solution, et je suis là si tu veux en discuter."

5. Refuser un travail supplémentaire de votre manager

Scénario : Votre manager vous demande de prendre une tâche supplémentaire alors que vous êtes déjà débordé(e).

Vous : "Je suis déjà à pleine capacité avec mes tâches actuelles. Si cette demande est prioritaire, je suis prêt(e) à revoir mes priorités avec vous pour m'assurer que tout soit fait dans les délais."

6. Refuser une activité avec vos enfants

Scénario : Vos enfants veulent jouer à un jeu alors que vous êtes épuisé(e).

Vous : "Je suis fatigué(e) en ce moment et j'ai besoin de me reposer. Mais on peut jouer ensemble demain après-midi, ça te va ?"

7. Refuser une tâche non essentielle d'un voisin

Scénario : Votre voisin vous demande de l'aider à tondre sa pelouse alors que vous êtes occupé(e).

Vous : "Je ne peux pas t'aider aujourd'hui, j'ai déjà des engagements. Peut-être un autre jour si je suis disponible."

8. Refuser une demande répétée d'un ami

Scénario : Un ami insiste pour que vous l'aidiez à organiser un événement, mais cela dépasse vos disponibilités.

Vous : "Je suis désolé(e), mais je ne peux pas m'engager sur cet événement. C'est important pour moi de respecter mes limites."

9. Refuser un achat impulsif

Scénario : Vous êtes avec des amis qui vous incitent à acheter quelque chose de coûteux.

Vous : "Merci pour vos encouragements, mais je préfère économiser pour le moment. C'est un choix important pour moi."

10. Refuser une demande de dernière minute au travail

Scénario : Un collègue vous demande de l'aider à la dernière minute, risquant de vous retarder.

Vous : "Je ne peux pas t'aider maintenant, car j'ai déjà un planning chargé. Je peux t'aider à planifier ça plus tôt la prochaine fois."

Conseils pour jouer efficacement :

Restez calme : Prenez une respiration si vous vous sentez sous pression.

Soyez clair : Évitez les réponses ambiguës comme "Je vais voir", si votre réponse est déjà non.

Pratiquez l'empathie : Reconnaissez les besoins de l'autre sans céder à la culpabilité.

Utilisez le disque rayé : Répétez votre refus avec respect si la personne insiste.

Variante : Ajouter des émotions
Pour rendre les scénarios plus réalistes, ajoutez des éléments émotionnels :

Une personne insiste de manière pressante.

Une autre tente de vous culpabiliser.

Quelqu'un utilise la flatterie pour vous convaincre.

Bénéfices de cet exercice :

Renforce votre assertivité.

Prépare à gérer des situations variées avec confiance.

Aide à formuler des refus respectueux mais fermes.

Avec de la pratique, vous serez en mesure de dire non dans la vraie vie avec sérénité et assurance, tout en respectant vos priorités et vos valeurs.

XIX.3. Utiliser des jeux de cartes avec des "oui/non".

Utiliser des jeux de cartes pour travailler sur les réponses Oui/Non

Les jeux de cartes sont une méthode ludique et interactive pour s'entraîner à dire Oui ou Non dans différentes situations. Voici quelques idées de jeux et exercices simples à réaliser avec des cartes Oui/Non.

1. Jeu "Décisions rapides"

Matériel :
Un jeu de cartes contenant uniquement deux types de cartes : Oui et Non.

Règles :

1. Chaque joueur reçoit un mélange de cartes Oui et Non (en proportions égales).

2. Une personne tire une carte et lit une situation à haute voix (exemple : "Accepter une invitation à dîner ce soir").

3. Chaque joueur joue une carte Oui ou Non en réponse à la situation.

4. Les joueurs expliquent brièvement pourquoi ils ont choisi Oui ou Non.

Objectif :

Réfléchir rapidement à des réponses assertives.

Développer la capacité à justifier ses décisions.

2. Jeu "Oui ou Non, mais pourquoi ?"

Matériel :

Un paquet de cartes Oui/Non.

Des cartes de situations ou questions.

Règles :

1. Mélangez les cartes Oui/Non et les cartes de situations.

2. Chaque joueur tire une carte de situation et une carte Oui/Non.

3. Quelle que soit la carte Oui/Non tirée, le joueur doit l'assumer et expliquer pourquoi cette réponse est appropriée ou non.

Exemple de situation :

"Ton ami te demande de l'accompagner à un événement."

Si vous tirez Oui : "Je dirais oui parce que cela renforce notre amitié."

Si vous tirez Non : "Je dirais non car j'ai déjà prévu de me reposer ce jour-là."
Objectif :

Travailler sur la flexibilité de votre argumentation.

Apprendre à assumer ses choix.

3. Jeu "La balance des choix"

Matériel :

Des cartes Oui et Non.

Des cartes représentant des contraintes ou des avantages.

Règles :

1. Les joueurs reçoivent des cartes Oui/Non.

2. Une situation est présentée (par exemple : "Accepter un travail supplémentaire").

3. Tirez une carte "Avantage" et une carte "Inconvénient" (exemple : Avantage : "Bonus financier" / Inconvénient : "Moins de temps pour la famille").
4. Les joueurs doivent décider s'ils répondent Oui ou Non en tenant compte des avantages et des inconvénients.

Objectif :

Évaluer les choix en fonction des priorités et des valeurs personnelles.

4. Jeu "Le défi des limites"

Matériel :

Des cartes Oui/Non.

Des cartes situations divisées en catégories : Travail, Famille, Amis, Temps personnel.

Règles :

1. Mélangez les cartes Oui/Non et les cartes situations.

2. Chaque joueur tire une carte de situation et répond Oui ou Non.

3. Si le joueur dit Oui, il doit proposer un compromis qui protège ses limites.

4. Si le joueur dit Non, il doit donner une explication respectueuse.

Exemple :

Carte situation : "Un collègue vous demande de rester tard."

Réponse Oui : "Je peux rester 30 minutes, mais pas plus."

Réponse Non : "Je suis déjà pris ce soir, mais je peux vous aider demain."

Objectif :

Pratiquer la gestion des limites dans différents contextes.

5. Jeu "Oui/Non créatif"

Matériel :

Un jeu de cartes Oui/Non.
Une liste de scénarios imaginaires ou drôles.

Règles :

1. Chaque joueur tire une carte Oui ou Non.

2. Une situation fictive est donnée, et les joueurs doivent improviser une réponse originale en fonction de leur carte.

Exemples de scénarios :

"Accepteriez-vous de devenir l'assistant personnel d'un extraterrestre ?"

"Accepteriez-vous de vivre sur une île déserte pendant un an ?"

Objectif :

Rendre l'exercice amusant tout en travaillant sur la spontanéité

6. Jeu "Débat Oui/Non"

Matériel :

Des cartes Oui et Non.

Une liste de dilemmes ou de questions ouvertes.

Règles :

1. Chaque joueur tire une carte Oui ou Non.

2. Une question est posée (par exemple : "Devrions-nous toujours aider nos amis ?").

3. Les joueurs doivent défendre leur position en fonction de leur carte, même si ce n'est pas leur réponse personnelle.

Objectif :

Développer la capacité à argumenter calmement.

Explorer différentes perspectives.

7. Jeu en solo : "Mon journal Oui/Non"

Matériel :

Des cartes Oui/Non ou un tableau écrit.

Un journal.
Règles :

1. Chaque jour, tirez une carte Oui/Non.

2. Appliquez cette carte à une décision simple dans votre journée (exemple : "Accepter une tâche imprévue").

3. Notez dans votre journal pourquoi vous avez suivi ou ignoré la carte.

Objectif :

Réfléchir à vos choix quotidiens et leurs impacts.

Identifier les domaines où vous avez besoin de poser plus de limites.

Conclusion

Ces jeux de cartes Oui/Non sont des moyens ludiques de travailler sur vos capacités de décision, d'affirmation et de gestion des limites. En les pratiquant régulièrement, vous gagnerez en confiance dans votre aptitude à dire oui ou non de manière réfléchie et alignée avec vos valeurs.

XIX.4. Dessiner vos limites sous forme de barrières.

Essayez de créer une illustration symbolisant vos limites personnelles. Les panneaux indiquent des priorités comme "Priorités", "Repos", "Famille", "Santé", et "Travail", intégrés dans un paysage apaisant. Cela reflète un équilibre entre protection et ouverture.

Pour représenter vos limites sous forme de barrières, imaginez un paysage symbolique et décrivez-le :

Un espace personnel clair : Imaginez un cercle ou une zone qui représente votre espace de confort. Cela peut être délimité par une clôture en bois, un mur de pierre ou une haie douce. Ces barrières ne sont pas infranchissables, mais elles marquent vos frontières personnelles.

Les éléments naturels comme symboles :

Une haie de verdure symbolise des limites flexibles et vivantes.

Un ruisseau coulant autour de votre espace indique une frontière fluide, mais clairement définie.

Des pierres empilées montrent une stabilité et une solidité dans vos décisions.

Vous au centre : Positionnez-vous au cœur de cet espace, calme et confiant. Ces barrières ne sont pas là pour vous isoler, mais pour protéger ce qui est important pour vous.

Ces images mentales ou dessinées peuvent vous aider à mieux visualiser et comprendre vos limites personnelles.

XIX.5. Inventer des histoires où le héros apprend à dire "non".

Histoire ou le héros apprend à dire NON :

1. Le chevalier du royaume des "oui"

Dans un royaume où tout le monde dit toujours "oui" pour éviter les conflits, un jeune chevalier nommé Éloi se retrouve constamment dépassé. Il accepte toutes les demandes : réparer des ponts, chasser des dragons, et même assister à des fêtes interminables. Un jour, il tombe malade de fatigue et rencontre un vieux sage qui lui apprend un secret : "Dire non est aussi noble que dire oui, tant que c'est fait avec cœur." Éloi commence alors à choisir ses engagements, devenant un héros non pas parce qu'il répond à toutes les attentes, mais parce qu'il agit avec intention.

2. L'artiste aux mille toiles

Clara est une peintre talentueuse qui accepte toutes les commandes pour plaire à ses clients. Mais son art perd son âme, et elle ne peint plus par passion. Un jour, un enfant lui demande pourquoi ses tableaux semblent tristes. Touchée, Clara décide de dire non aux commandes qui ne l'inspirent pas. En refusant les projets qui ne lui ressemblent pas, elle redécouvre la joie de créer. Bientôt, son travail sincère attire encore plus d'admirateurs.

3. Le village de la montagne

Dans un petit village perché sur une montagne, les habitants dépendent de Tom, un jeune homme serviable. Il dit toujours "oui" : aider aux champs, réparer les toitures, soigner les animaux. Mais un hiver rude arrive, et Tom se rend compte qu'il n'a pas assez de bois pour se chauffer. Pour la première fois, il dit "non" : "Je dois m'occuper de ma maison d'abord." À sa grande surprise, les villageois commencent à l'aider. Tom apprend que dire non ne signifie pas être égoïste, mais équilibrer ses priorités.

4. La comédienne fatiguée

Lucie est une actrice toujours prête à accepter des rôles, même les plus insignifiants, par peur de ne pas être aimée. Mais elle s'épuise à jouer des personnages qui ne lui correspondent pas. Un jour, elle refuse un rôle qui ne respecte pas ses valeurs. Elle découvre alors que ce "non" ouvre la porte à une opportunité inattendue : un réalisateur la contacte pour un rôle principal dans un film qui célèbre ses convictions.

5. L'élève modèle

Léo, un élève studieux, dit oui à tous les travaux de groupe, toutes les activités extra-scolaires, et aide même ses camarades à faire leurs devoirs. Il commence à négliger son propre apprentissage. Lorsqu'un professeur lui demande de mener un projet supplémentaire, Léo répond enfin : "Non, je dois me concentrer sur mes priorités." Cette décision lui permet de réussir brillamment ses examens tout en apprenant à respecter ses limites.

6. Le marchand aux mains pleines

Amara, une marchande au grand cœur, ne peut refuser une transaction, même si elle y perd de l'argent. Un jour, une ancienne cliente revient pour demander un rabais déraisonnable. Amara, bien qu'hésitante, refuse poliment. À sa surprise, la cliente accepte de payer le prix plein. Ce jour-là, Amara comprend que son travail a de la valeur et que dire "non" est un signe de respect pour elle-même.

7. L'ami trop gentil

Max est le confident parfait : il écoute, conseille, et répond toujours présent. Mais il commence à sentir que ses propres besoins sont ignorés. Un jour, un ami lui demande une faveur pendant un moment crucial où Max a besoin de temps pour lui-même. Avec douceur, il dit : "Je suis désolé, mais je ne peux pas cette fois-ci." Cet ami, loin de se vexer, comprend mieux Max et lui propose de l'aider à son tour.

8. L'apprenti sorcier

Milo, un jeune apprenti sorcier, aide tout le monde au village avec des sorts. Mais en utilisant constamment sa magie, il s'épuise. Son mentor lui enseigne un sort spécial pour dire non sans blesser les gens : "Je suis ici pour vous, mais pas tout le temps. Ma magie a des limites, tout comme moi." Milo apprend à équilibrer son aide, devenant un meilleur sorcier et un villageois respecté.

9. La chef d'équipe débordée

Julie, une chef d'équipe dynamique, accepte toutes les tâches que son supérieur lui confie, même celles qui ne relèvent pas de son rôle. Son équipe commence à suivre son exemple et se surcharge aussi. Un jour, Julie décide de dire non à une demande excessive. Elle explique : "Je veux prioriser ce qui est vraiment important pour l'équipe." Cette décision inspire ses collègues à poser leurs propres limites.

10. L'aventurier des mers

Marco, un aventurier, accepte toutes les expéditions, qu'elles soient dangereuses ou inutiles, car il craint de manquer une opportunité. Lors d'un voyage où il manque de peu de perdre son navire, il réalise qu'il doit être plus sélectif. À sa prochaine invitation, il répond : "Non, je choisis de rester à quai cette fois." Cela lui permet de réparer son bateau et de préparer une aventure plus grande encore.

Conclusion

Ces histoires montrent que dire "non" n'est pas un acte de rejet, mais un chemin vers plus d'authenticité, de respect de soi et d'opportunités alignées avec ses valeurs. Le courage de refuser ouvre souvent la voie à une vie plus épanouie et équilibrée.

XX. Exercices créatifs

XX.1. Écrire un poème ou un texte sur l'importance de dire "non".

L'Art de Dire Non

Dire non, ce n'est pas fermer la porte,
C'est tracer un chemin, une route qui importe.
C'est garder son cap, sa voix, son horizon,
Et refuser de sombrer dans l'abandon.

Non, ce n'est pas un mot de colère,
C'est un bouclier léger, un souffle d'air.
Un cri doux pour protéger son espace,
Un refus qui parfois libère une place.

Dire non, c'est offrir un oui sincère,
À soi, à ses rêves, à tout ce qui éclaire.
C'est dire au monde : "Je me respecte, je choisis",
Et ne plus vivre à travers un masque terni.

Chaque non est une clé, un acte d'amour,
Pour préserver son temps, son énergie, ses jours.

Ce n'est pas un rejet, ni un mur infranchissable,
C'est une ligne tracée, humble et respectable.

Alors ose ce mot, simple mais puissant,
Il te rend libre, confiant, vivant.
Car dire non, c'est embrasser la vérité,
Et marcher vers une vie en pleine intégrité.

XX.2. Créer un collage représentant vos priorités personnelles.

Voici un collage visuel symbolisant les priorités personnelles : famille, santé, équilibre vie-travail, développement personnel, gestion du temps et relaxation. Chaque élément est harmonieusement agencé pour illustrer une vie alignée avec vos valeurs

XX.3. Inventer un slogan motivant autour du "non".

1. "Chaque non est un oui à soi-même."
2. "Un non bien placé, c'est une vie mieux équilibrée.

3. "Dire non, c'est respecter ses propres priorités."

4. "Non n'est pas un refus, c'est une affirmation de soi."

5. "Avec un non ferme, je trace mes propres limites."

6. "Un non aujourd'hui préserve ma liberté demain."

7. "Dire non, c'est choisir de vivre aligné."

8. "Un non sincère vaut mieux qu'un oui forcé."

9. "Non, c'est court, simple, et ça change tout."

10. "Le pouvoir du non : une clé pour une vie authentique."

XX.4. Dessiner un tableau symbolisant vos limites.

Voici un tableau symbolisant vos limites dans différentes catégories de votre vie. Chaque barre représente le degré de priorité que vous attribuez à chaque domaine (Famille, Santé, Travail, etc.), soulignant l'importance de maintenir un équilibre en fixant des limites claires.

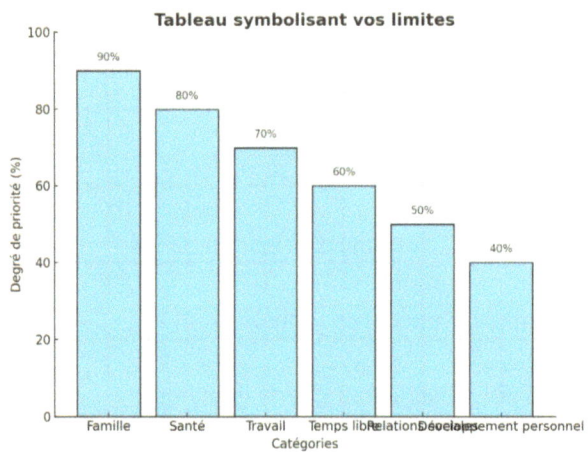

XX.5. Écrire un dialogue fictif où vous dites "non" avec assurance.

Contexte :

Votre collègue, Marie, vous demande de rester tard pour l'aider à finaliser un rapport. Vous êtes déjà surchargé(e) et avez prévu une soirée de détente.

Marie : Salut, j'ai un énorme problème. J'ai besoin de finaliser ce rapport pour demain, mais je ne vais jamais y arriver seule. Tu pourrais rester ce soir pour m'aider ?

Vous : Salut Marie. Je comprends que ce soit stressant pour toi, mais je ne pourrai pas rester ce soir. J'ai déjà d'autres engagements personnels.

Marie : Mais c'est vraiment urgent ! Si tu ne m'aides pas, je vais passer toute la nuit dessus.

Vous : Je comprends que c'est une situation difficile pour toi. Malheureusement, je suis à pleine capacité en ce moment. J'ai aussi besoin de respecter mes propres limites pour être efficace dans mon travail demain.

Marie : Mais ça ne te prendrait pas beaucoup de temps, juste une heure ou deux...

Vous : Je vois bien que tu cherches une solution, mais je ne peux pas prendre cela en charge aujourd'hui. As-tu pensé à demander à Paul ou à Julie ? Ils ont peut-être un peu plus de disponibilité.

Marie : Oui, mais toi, tu sais exactement comment structurer ce type de rapport.

Vous : Merci pour ta confiance, ça me touche. Mais je tiens à être honnête : je ne suis pas en mesure de t'aider ce soir. En revanche, je peux te donner quelques conseils rapides si tu veux.

Marie : D'accord, je vais gérer seule alors. Merci quand même.

Vous : Bon courage, je suis sûr(e) que tu vas y arriver !

Ce qui fonctionne dans ce dialogue :

1. Empathie : Vous reconnaissez la difficulté de la situation pour Marie ("Je comprends que ce soit stressant pour toi.").

2. Limites claires : Vous exprimez vos propres besoins sans ambiguïté ("Je ne pourrai pas rester ce soir.").

3. Solutions alternatives : Vous proposez des options sans céder ("As-tu pensé à demander à Paul ou à Julie ?").

4. Respect : Vous restez bienveillant tout en maintenant votre position ("Merci pour ta confiance, mais je tiens à être honnête.").

Ce type de réponse vous permet de dire "non" avec assurance tout en préservant une relation positive.

Conclusion

Dire "non" est bien plus qu'un refus : c'est une affirmation de vos besoins, de vos priorités et de vos valeurs. Ce livre vous a offert des outils pour poser vos limites, réduire la culpabilité et renforcer votre assertivité, tout en respectant vos relations.

En pratiquant ces exercices, vous gagnez en confiance, en clarté et en équilibre, que ce soit dans votre vie personnelle ou professionnelle. Chaque "non" bien placé est un "oui" à ce qui compte vraiment pour vous.

Souvenez-vous : dire "non" n'est pas un rejet, mais un acte de respect envers vous-même. Continuez à vous affirmer, à vous respecter et à vivre en accord avec vos priorités.

À vous de dire "non" avec assurance et sérénité !